ZIDANE
5
14
8

Fußball

Taktik, Training, Tore

Fußball

Taktik, Training, Tore

Jonas Kozinowski

KOSMOS

Inhalt

Das erste Länderspiel 1908: Die Schweiz besiegt Deutschland in Basel 5:3

DER ÄLTESTE BUNDESLIGA-VEREIN

1887 wurde der Hamburger SV gegründet. Er ist damit der älteste Verein, der in der Bundesliga spielt.

Viele Fußballreporter sprechen heute noch vom »runden Leder«, wenn sie den Fußball meinen. Weil der Ball viele Jahrhunderte tatsächlich aus Leder hergestellt wurde.

Ein Ball rollt um die Welt

Wenn von Fußball gesprochen wird, ist von allem Möglichen die Rede: von den Spielern, den Fans, vom Schiedsrichter und den Regeln oder dem Stadion. Am seltensten aber geht es um den, ohne den es dieses Spiel gar nicht geben würde: den Ball.

Mit den ursprünglichen Lederbällen haben die neuesten Fußbälle nur noch gemeinsam, dass sie rund sind. Die modernsten Bälle werden heute aus Kunststoffteilen zusammengeklebt.

Die Geschichte des Balls

1866 spielten die englischen Vereine mit dem »Lillywhite's No. 5«, ab 1920 gab es Bälle, die nicht verschnürt werden mussten, sondern ein Ventil hatten. 1970 war der »Telestar« der erste schwarz-weiße Ball, weil er so im Fernsehen besser zu sehen war. Der »Azteca« von 1986 war der erste Fußball, der nur aus Kunstleder bestand und sich deshalb nicht so stark mit Wasser vollsaugte. Bei der WM 2006 wurde mit dem »Teamgeist« gespielt, der nicht zusammengenäht, sondern verklebt war.

Schon auf alten chinesischen Vasen hat man Zeichnungen von fußballspielenden Menschen gefunden.

Die Fußbälle, mit denen heute in den Stadien überall auf der Welt gespielt wird, sind aus Kunstleder und sehen sich alle ziemlich ähnlich. Sie haben eine ähnliche Größe und unterscheiden sich höchstens in der Farbe. Diese Bälle gibt es seit etwas über 20 Jahren. Im Vergleich zur Geschichte des Fußballspiels ist das eine sehr kurze Zeitspanne. Denn schon vor über 4.000 Jahren muss es Arten des Spiels gegeben haben. Wie Ausgrabungen gezeigt haben, scheint der Ursprung des Fußballspiels in China zu liegen. Die Bälle waren aus Holz oder aus Lederstücken zusammengenäht und mit Federn gefüllt. Ballartisten führten Tänze in langen Gewändern auf. Dazu dribbelten und jonglierten sie einen Ball mit dem Fuß.

Fußball gab es allerdings auch als Wettkampfsport. Ab dem 4. Jahrhundert v. Chr. gab es in China regelmäßig Fußballspiele. Zunächst war der Sport eine Sache des Militärs: Das Ziel war, die Soldaten körperlich fit zu halten.

Auch in anderen Regionen – dort, wo heute die Staaten Malaysia, Thailand oder die Philippinen sind – gab es fußballähnliche Spiele. Im alten Ägypten, im antiken Griechenland und bei den Maya in Mittelamerika wurden unterschiedliche Wettkämpfe mit einem Fußball betrieben. Dabei ging es meistens um Geschicklichkeit und nicht darum, gegen ein anderes Team zu gewinnen.

* DER CALCIO IN ITALIEN

Ganz anders spielte der italienische Bäcker Salvatore Mitte des 16. Jahrhunderts Fußball. Er lebte in Florenz und seine größte Leidenschaft war der Calcio. Zwischen Januar und März trafen sich die besten jungen Sportler auf einem großen Platz mitten in der Stadt, der Piazza di Santa Croce. Salvatore fieberte diesen Tagen entgegen, denn die halbe Stadt – über 40.000 Zuschauer – würde wieder bei den Spielen dabei sein. Zu Beginn gab es eine große Parade, dann wurde Calcio gespielt. Dazu musste Salvatore eine aufwändige Schutzkleidung anziehen. Denn der mittelalterliche Calcio

Anfangs hatte Fußball viele Gemeinsamkeiten mit Rugby.

Fußballähnliches Spiel ca. 1721 in London

war eine Mischung aus Fußball und Rugby. Die Regeln waren nicht sehr streng, deshalb musste Salvatore damit rechnen, auch einmal aus vollem Lauf umgestoßen zu werden. Aber er teilte selbst gut aus, schließlich war Salvatore für die Verteidigung der eigenen Zone zuständig. Damals gab es keine Tore, sondern nur eine Zone des Spielfelds, in die der Ball gebracht werden musste, um einen Punkt zu erhalten. Dafür waren die Mannschaften aber taktisch in Stürmer, Läufer und Verteidiger aufgeteilt. In den überlieferten Schriftstücken aus dieser Zeit heißt es, dass die Mannschaften mit einem »luftgefüllten« Ball spielten. Vermutlich bliesen sie Mägen von Schweinen auf und benutzten diese als Fußball.

* DAS MUTTERLAND DES FUSSBALLS

England wird häufig als »Mutterland des modernen Fußballs« bezeichnet. Die Geschichte des Spiels reicht weit zurück ins Mittelalter. »Football« war eigentlich über Jahrhunderte in England und Schottland offiziell verboten. Immer wieder hatte es nach Fußballspielen Ausschreitungen und

In den 1950er-Jahren wurde in Florenz das traditionelle Calcio nachgespielt.

Der Kicker

Nummer 1 — 14. Juli 1920

Aus Karlsruhe's Glanzzeit.

I. Die Kickers 1894.
W. Bensemann (1), Hall (2), Fr. Langer (3), E. Schricker (4), J. Schricker (5), König (6), E. Langer (7), Grenier (8), Roth (9), Strube (10), Moormann (11).

II. Der K. F. V. 1899
Von links nach rechts: Sauter, Heck, Kistner, W. Langer, Altenhein, Jüngling, E. Langer, F. Langer, Gutsch, Wetzler, Ruzek.

Die erste Ausgabe des Sportmagazins »kicker« vom 14. Juli 1920. Noch heute ist der »kicker« eine der meistverkauften Fußballzeitungen in Deutschland.

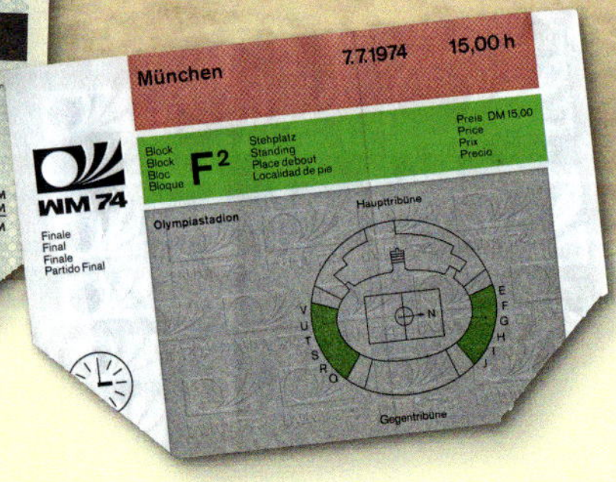

Raufereien in den schottischen Städten gegeben. Deshalb verbot der schottische König James I. 1424 das öffentliche Spiel kurzerhand. Das Problem war nicht der Sport an sich, sondern die Art und Weise, wie gespielt und vor allem wo gespielt wurde. Mit dem mit Stroh oder ähnlichem Material gefüllten Lederball wurde nämlich nicht nach speziellen Regeln auf einem Fußballplatz gespielt, sondern mitten in der Stadt.

Auch in England glichen die ersten Fußballspiele eher dem Rugbyspiel. Und weil ständig raufende und kämpfende Mannschaften durch die Straßen zogen, herrschte in den Städten große Unruhe. Das versuchten die Könige durch ihre Verbote zu verhindern, und über Jahrhunderte hinweg wurden diese immer wieder erneuert. Dabei ist es fraglich, ob sich die Herrscher selbst so streng an ihre Verbote hielten. Oder warum sonst ließ sich der schottische König Jakob IV. 1497 von seinem Diener Fußbälle kaufen? König Heinrich VIII. von England ließ sich 1526 sogar spezielle Fußballschuhe anfertigen. Bei der Bevölkerung trugen die Gesetze nicht dazu bei, dass weniger Fußball gespielt wurde. Im Gegenteil, die Spiele wurden nun eben vor den Städten ausgetragen.

* DIE ERSTEN REGELN WERDEN NIEDERGESCHRIEBEN

Die ersten allgemeinen Fußballregeln wurden 1848 an der Universität von Cambridge in England aufgestellt. An der Universität trafen sich viele

Eintrittskarten aus den 1960er- und 1970er-Jahren

Irische Nationalmannschaft vor einem Spiel gegen Endland in West Bromwich 1922

Studenten aus den unterschiedlichsten Regionen. Überall hatte man Fußball oder Rugby ein wenig anders gespielt. Ständig gab es Streit, nach welchen Regeln denn nun der Sport betrieben werden konnte. Also beschlossen die Studenten J. C. Thring und H. de Winton die Vorteile aus beiden Sportrichtungen, Rugby und Fußball, zusammenzufassen und ein Regelwerk aufzustellen. Es waren die ersten schriftlichen Fußballregeln, die es je gab. Darin wurde zum Beispiel das »hacking«, also das brutale Treten nach einem Gegenspieler, verboten. Die Mannschaften sollten aus 15 bis 20 Spielern bestehen. 1863 gründete sich der erste Fußballverband in England, die Football Association. Sie nutzten die Cambridge-Regeln als Grundlage und stellten 14 Ursprungs-Regeln für den Fußball auf. Die Größe oder Form des Balls wurde darin aber noch nicht festgelegt.

* DIE ERSTEN VEREINE ENTSTEHEN

Der erste reine Fußballverein wurde 1857 in Sheffield gegründet. Danach kamen der Fußball und die Spielregeln auch langsam nach Deutschland und verbreiteten sich hier. Mit dem Berliner Fußballclub »Frankfurt« gründete sich 1885 der erste deutsche Verein, bei dem ausschließlich Fußball gespielt wurde. Überhaupt waren der Norden Deutschlands und ganz besonders die Hauptstadt Berlin die Region, in der sich die Menschen zu Anfang am stärksten für den Fußball interessierten. 1888 wurde der BFC Germania Berlin gegründet. Er ist der älteste noch bestehende Fußballklub in Deutschland. Mit der Zeit kamen immer mehr Fußballvereine hinzu, Fußball wurde langsam zum Volkssport.

Arsenal-London-Fan, während eines Spiels gegen die Wolverhampton Wanderers

Die Gründung des Deutschen Fußball-Bundes (DFB) 1900 gab dem beliebten Volkssport eine Struktur und Regeln. Die Bälle, mit denen damals Fußball gespielt wurde, bestanden aus einer aufgeblasenen Schweinsblase, die mit einer Lederhaut umzogen wurde.

Übersicht über den Mitgliederbestand des D.F.B.

Jahr	Mitglieder
1904	9.317
1910	82326
1913	161613
1920	756703
1925	823425

Diese Übersicht zeigt den großen Anstieg der Mitgliederzahlen des DFB zwischen 1904 und 1925.

→ GRÜNDUNG DES DFB 1900

Im Restaurant »Mariengarten« in Leipzig gründeten 86 Vereine den Deutschen Fußball-Bund. Schon vier Jahre später trat der DFB der FIFA bei.

Fußballgeschichte

1888

Der erste reine Fußballverein Deutschlands, der »Berliner Fußballclub Frankfurt«, wird gegründet.

28.01.1900

In Leipzig wird der Deutsche Fußball-Bund (DFB) von 86 Vereinen gegründet. Bis heute organisiert er den Fußball in Deutschland. Mittlerweile sind dem DFB ca. 27.000 Vereine angeschlossen, was ihn weltweit zum größten Sportverband macht.

27.02.1900

Der FC Bayern München wird gegründet. Der Verein hat bis heute die meisten Meisterschaften und Pokale in Deutschland gewonnen.

1903

Der VfB Leipzig wird der erste deutsche Fußballmeister. Damals gab es noch ein Finale um die Meisterschaft. Die Leipziger gewannen in Hamburg gegen den DFC Prag mit 7 : 2.

06.04.1908

Das erste Länderspiel der deutschen Nationalmannschaft gegen die Schweiz endete mit einer 3 : 5-Niederlage.

1933–1945

Die Nationalsozialisten und die Funktionäre des DFB missbrauchten den Fußball für ihre propagandistischen Zwecke. Vor allen offiziellen Spielen mussten sich die Mannschaften aufstellen und den Hitlergruß zeigen. Außerdem wurden alle Juden aus dem Fußballbund ausgeschlossen.

1945

Nach dem Ende des Zweiten Weltkrieges wurde der DFB aus der FIFA ausgeschlossen. Erst fünf Jahre später nahm ihn der Weltverband wieder auf.

03.07.1950

Der Fußballverband der ostdeutschen Vereine (DFV) wird gegründet.

SAISON 1952/53

Das erste Mal wird der DFB-Pokal, in der Form, wie es ihn auch heute noch gibt, ausgespielt. Bisher gab es nur zwei Städte in Deutschland, aus denen jeweils zwei unterschiedliche Vereine den Pokal gewannen: München (der FC Bayern und 1860) und Essen (Rot-Weiss und Schwarz-Weiß).

in Deutschland

04.07.1954
Deutschland wird das erste Mal Weltmeister bei der WM in der Schweiz mit einem Sieg über Ungarn.

Das Maskottchen der WM 1954

1963
Die Bundesliga wird gegründet. Die Vereine wollten in den internationalen Wettbewerben bestehen können und führten deshalb die Profiliga ein. Von nun an verdienten die Spieler ihr Geld hauptsächlich mit Fußballspielen. 16 Mannschaften gehörten der ersten Saison an. Der deutsche Meister wurde durch Ligaspiele und nicht mehr durch ein Finale bestimmt. Erster Meister wurde der 1. FC Köln. Der Hamburger SV ist die einzige Mannschaft, die seit der Gründung ununterbrochen in der Bundesliga spielt.

07.07.1974
Deutschland gewinnt zum zweiten Mal den Weltmeisterpokal, diesmal im eigenen Land.

20.11.1990
Der DFV löst sich auf. Die ostdeutschen Mannschaften spielen seit 1991 in den Ligen des DFB mit. Der 1. FC Hansa Rostock und Dynamo Dresden wurden direkt in die Bundesliga aufgenommen.

SAISON 1990/91
Die Erste Frauenbundesliga wird gegründet. Erster Meister wird der TSV Siegen.

08.07.1990
Deutschland wird zum dritten Mal Fußballweltmeister. Diesmal gewinnt das Team das Finale in Rom.

18.12.2000
Die Deutsche Fußball Liga (DFL) wird gegründet. Sie kümmert sich seitdem mit dem DFB um die Austragung und die Vermarktung der 1. und 2. Bundesliga.

JUNI–JULI 2006
Deutschland richtet zum zweiten Mal nach 1974 die Fußballweltmeisterschaft aus.

AB SOMMER 2008
Einführung der 3. Bundesliga. Die beiden Regionalligen Nord und Süd werden durch eine dritte Profiliga für ganz Deutschland ersetzt. So soll die dritte Liga besser und spannender werden.

DIE FUSSBALL-WM 2010

Die nächste WM im Jahr 2010 findet in Südafrika statt. Damit wurde das Turnier das erste Mal an ein afrikanisches Land vergeben.

Die Verbände

Um allgemeine Fußballregeln festzulegen, Spiele zu organisieren und eine Grundordnung im Fußball zu schaffen, gibt es sogenannte Verbände. Alle Mannschaften und Spieler in Deutschland gehören dem Deutschen Fußball-Bund (DFB, Landesverband) an. Der DFB ist mit den anderen europäischen Landesverbänden in der Europäischen Fußballunion (UEFA, Kontinentalverband) zusammengeschlossen. Der Weltverband, dem alle Landes- und Kontinentalverbände angehören und der z. B. die Weltmeisterschaften organisiert, heißt Fédération Internationale de Football Association (FIFA).

Die Sieger

Jahr	Austragungsort	Weltmeister
1930	Uruguay	Uruguay
1934	Italien	Italien
1938	Frankreich	Italien
1950	Brasilien	Uruguay
1954	Schweiz	Deutschland
1958	Schweden	Brasilien
1962	Chile	Brasilien
1966	England	England
1970	Mexiko	Brasilien
1974	Deutschland	Deutschland
1978	Argentinien	Argentinien
1982	Spanien	Italien
1986	Mexiko	Argentinien
1990	Italien	Deutschland
1994	USA	Brasilien
1998	Frankreich	Frankreich
2002	Japan/Südkorea	Brasilien
2006	Deutschland	Italien

König Fußball gesucht

Es war das größte Fußballfest, das jemals in Deutschland gefeiert wurde. In zwölf Stadien und auf den Straßen vieler Großstädte machten die Menschen die Fußballweltmeisterschaft 2006 zu einer einzigen Party. Ein Meer aus kleinen, größeren und riesigen Fahnen von deutschen und ausländischen Fans und eine Welle der Begeisterung prägten das Bild von diesem außergewöhnlichen Ereignis.

links: 1990 gewann die deutsche Nationalmannschaft die Weltmeisterschaft. Franz Beckenbauer sagte damals, diese Mannschaft sei für die nächsten Jahre unschlagbar.

unten: Das WM-Team 1990 wurde im Mittelfeld von Lothar Matthäus und Pierre Littbarski angeführt.

FIFA World Cup

Jules-Rimet-Pokal

Die brasilianische Nationalmannschaft konnte den WM-Pokal bis heute am häufigsten gewinnen. 1958, 1962, 1970, 1994 und zuletzt 2002 wurde die »Seleção« Weltmeister. Seleção ist der Spitzname der brasilianischen Nationalmannschaft. Es bedeutet »Auswahl«.

Seit 1998 ist Sepp Blatter FIFA-Präsident. Seine Amtszeit endet 2011. Hier ist er mit Pelé zu sehen, einem der besten Fußballer aller Zeiten.

DER FIFA WORLD CUP

Seit 1974 bekommt der Kapitän der Weltmeistermannschaft den FIFA World Cup überreicht. Zuvor wurde um den Jules-Rimet-Pokal (benannt nach einem ehemaligen FIFA-Präsidenten) gespielt.

Die französische Nationalmannschaft 1930 auf dem Weg zur ersten Weltmeisterschaft. Sie musste 10.000 Kilometer per Schiff bis nach Uruguay zurücklegen.

Vor der WM hatte es Kritik und Beschwerden wegen der Kartenvergabe gegeben. Vor allem deshalb, weil die Eintrittskarten von der FIFA verlost wurden und deshalb nicht jeder Fußballbegeisterte ins Stadion gehen konnte. Außerdem gab es Sicherheitsbedenken, weil die Angst vor Hooligans groß war. Nachdem das Turnier lief, waren all diese Bedenken schnell über Bord geworfen. Ganz Deutschland und die Fußballfans aus anderen Ländern, die gekommen waren, um ihre Mannschaft zu unterstützen, versanken in einem riesigen Freudentaumel. Und das alles wegen eines Fußballturniers, das alle vier Jahre stattfindet!

* WELTREISE ZUR WM

Seit 1930 wird die Fußballweltmeisterschaft ausgetragen. Das erste Mal fand sie in Uruguay in Südamerika statt. Damals gab es noch keine Linienflüge, und die Reise per Schiff in ein so weit entferntes Land war für die europäischen Teams sehr teuer. Deshalb verzichteten z. B. Deutschland, Österreich und England darauf, an der WM teilzunehmen. Außerdem bekamen einfach viele der Fußballspieler für das Turnier keinen Sonderurlaub von ihren Arbeitgebern. Denn damals waren die Spieler in der Regel noch keine Profis, sondern mussten neben dem Fußball regulär arbeiten. So wurde der Weltmeistertitel zwischen neun amerikanischen Ländern und nur vier europäischen Staaten ausgespielt. Aus anderen Erdteilen waren gar keine Mannschaften dabei.

* ERSTER FUSSBALL-WELTMEISTER

Das finanzielle Problem der Reise lösten Frankreich, Belgien und Rumänien dadurch, dass sie zusammen den Luxusdampfer »Conte Verde« charterten und sich so die Kosten teilten. Insgesamt waren sie fast drei Wochen unterwegs, ehe sie in Uruguay anlegten. Die vierte europäische Mannschaft, Jugoslawien, folgte den dreien mit dem Schiff »Florida«. Erster Fußballweltmeister wurde der Gastgeber der WM, Uruguay. Das Team bezwang im Finale die Mannschaft aus Argentinien mit 4:2.

* WELTREKORDLER

Die meisten Weltmeistertitel konnte bislang Brasilien gewinnen. Fünf Mal, zuletzt 2002, bekamen sie den Pokal. Italien ist die zweiterfolgreichste Fußballnation. Die »Squadra Azzurra« (die blaue Mannschaft – so wird die italienische Nationalmannschaft wegen ihrer Trikots genannt) wurde 1934, 1938, 1982 und 2006 in Deutschland Weltmeister. Der Nationaltrainer der Italiener in den 1930er Jahren, Vittorio Pozzo, ist bis heute der einzige Trainer, der mit seiner Mannschaft zweimal hintereinander Weltmeister werden konnte.

Die italienische und die französische Mannschaft vor dem WM-Finale 2006

* DAS WUNDER VON BERN

Und wie hat sich die deutsche Fußballnationalmannschaft im internationalen Wettbewerb geschlagen? Immerhin konnte sie den Weltmeisterpokal schon dreimal gewinnen. Dabei hat jeder der drei Titel eine eigene, besondere Geschichte. Der Titelgewinn von 1954 wird als das »Wunder von Bern« bezeichnet. Nach dem Zweiten Weltkrieg durfte Deutschland 1954 das erste Mal wieder an einer Weltmeisterschaft teilnehmen. Fußballexperten erwarteten keine besondere Leistung von der deutschen Mannschaft – sie hatte tatsächlich Probleme, die Vorrunde zu überstehen. Trotzdem stand Deutschland am Ende des Turniers im Finale in Bern gegen Ungarn. In der Vorrunde hatte das Team von Trainer Sepp Herberger gegen Ungarn mit 3:8 verloren. Wieder traute niemand den Deutschen einen Sieg zu, schließlich hatte Ungarn seit über vier Jahren kein Länderspiel mehr verloren. Tatsächlich geriet die deutsche Mannschaft schnell mit 0:2 in Rückstand. Doch dann wendete sich das Blatt und das Team um Helmut Rahn und Fritz Walter gewann das Spiel noch mit 3:2. Das »Wunder von Bern« war vollbracht.

* DIE POKALE VON MÜNCHEN UND ROM

Den zweiten Weltmeistertitel konnte sich die deutsche Mannschaft 1974 im eigenen Land erspielen. Das Besondere an dieser WM war das Vorrundenspiel Westdeutschland gegen Ostdeutschland, die in einer Gruppe spielten. Die Mannschaft der ehemaligen DDR entschied das Spiel durch ein Tor von Jürgen Sparwasser mit 1:0 für sich. Trotzdem konnte sich die Mannschaft aus Westdeutschland bis ins Finale kämpfen, in dem Sepp Maier, Franz Beckenbauer, Berti Vogts, Gerd Müller und die anderen Nationalspieler die Niederlande mit 2:1 besiegten.

1990 spielten das erste Mal bei einer WM Spieler aus Ost- und Westdeutschland gemeinsam in einer Nationalmannschaft. Vor allem Jürgen Klinsmann, Rudi Völler und Lothar Matthäus konnten sich in Italien in Szene setzen und sorgten dafür, dass das deutsche Team im Finale mit 1:0 gegen Argentinien gewann. Den Siegtreffer erzielte Andreas Brehme mit einem Strafstoß. Trainer der Mannschaft war Franz Beckenbauer. Nach dem gewonnenen WM-Endspiel trat er von seinem Amt zurück.

* DIE BESTEN IN EUROPA

Als erste Europameisterschaft gilt das Turnier 1960 in Frankreich, der Europacup der Nationen. Bei der FIFA konzentrierte man sich vorher lieber auf die regelmäßige Durchführung der Weltmeisterschaft. Außerdem erschwerte der Zweite Weltkrieg die Ausrichtung einer Europameisterschaft. Ab 1968 wurde dann aber alle vier Jahre, immer genau zwischen zwei Weltmeisterschaften, die beste Nationalmannschaft Europas gesucht. Mit drei Titeln ist Deutschland die erfolgreichste europäische Mannschaft. Für eine bemerkenswerte Aktion sorgte die deutsche Nationalmannschaft bei

Ein packendes Duell: Jürgen Klinsmann gegen Diego Maradona aus Argentinien

Berti Vogts hat dreimal bei einer WM gespielt und die Mannschaft bei zwei Weltmeisterschaften als Trainer betreut. 1974 schaltete er im Finale den holländischen Superstar Johan Cruyff praktisch aus.

Im WM-Finale 2002 sorgte Deutschland gegen Brasilien fast für eine Überraschung. Doch Ronaldo konnte Oliver Kahn schließlich zweimal überwinden.

Bei der WM 1954 hatte niemand die deutsche Nationalmannschaft auf der Rechnung. Deutschland gewann überraschend das Finale gegen Ungarn und bekam den Jules-Rimet-Pokal überreicht.

Golden Goal

Oliver Bierhoff erzielt das erste Golden Goal in der Europameisterschaftsgeschichte. Mittlerweile ist diese Regel wieder abgeschafft.

ihrem Titelgewinn 1996 in England. Oliver Bierhoff wurde im Finale gegen Tschechien beim Stand von 0 : 1 eingewechselt. Zunächst erzielte er den Ausgleich und in der Verlängerung das erste Golden Goal bei einem großen Turnier. Diese Regelung hatte die UEFA neu eingeführt: Wenn es bei einem Spiel nach der Verlängerung immer noch unentschieden stand, entschied das erste Tor, das dann erzielt wurde, wer das Spiel gewonnen hatte. Bierhoff schoss in der 5. Minute der Verlängerung dieses »goldene Tor«, und Deutschland wurde Europameister.

2008 findet die EM das erste Mal in Österreich und der Schweiz statt. Das Eröffnungsspiel wird in Basel in der Schweiz gespielt, das Endspiel in der Hauptstadt von Österreich, in Wien. Weil die UEFA die Bedeutung des Turniers besonders hervorheben will, wird dem Europameister von 2008 ein neuer Pokal überreicht. Er soll größer und prächtiger als der alte Pokal sein und so dem Anlass besser gerecht werden.

Vor dem Anpfiff geht's rund

Die Kreide, mit der fast in allen Stadien in Deutschland die Linien auf dem Rasen markiert werden, wird in Lägerdorf in Schleswig-Holstein abgebaut.

BERUF GREENKEEPER

Greenkeeper ist kein Ausbildungsberuf in Deutschland. Es gibt aber Schulungen, z. B. durch den Greenkeeperverband, die drei Jahre dauern. Der Abschluss wird durch eine Prüfung erreicht und ist mit dem Meisterabschluss im Handwerk vergleichbar.

Halb zehn Uhr morgens – die große Fußballarena in München ist menschenleer, die ersten Sonnenstrahlen bahnen sich ihren Weg über die riesigen Tribünen. In fünf Stunden findet hier ein Spitzenspiel der Fußball-Bundesliga statt. Fast 70.000 Fußballfans werden dann die beiden Mannschaften anfeuern und zum Sieg schreien. Doch noch ist nichts zu hören von den Trommeln und Fangesängen, in der Arena ist es nahezu still.

Nur ein leises Brummen kommt aus einem der Strafräume. Über den Rasen fährt ein Fahrzeug, das aussieht wie ein kleiner Traktor. Dabei handelt es sich um einen fahrbaren Rasenmäher. Er wird von einem Mann gesteuert, der für den richtigen Untergrund für das Spitzenspiel sorgen soll: der sogenannte Greenkeeper. Greenkeeper kümmern sich um die Rasenpflege. Sie bewässern den Rasen, düngen ihn und stutzen die Grashalme auf die richtige Höhe. Eigentlich gibt es Greenkeeper vor allem auf Golfplätzen. In den vergangenen Jahren ist es den Fußballklubs immer wichtiger geworden, dass ihre Spieler auf gepflegten Plätzen ihr Können zeigen.

Nachdem er den Rasen ein letztes Mal vor dem großen Spiel gestutzt hat, kümmert sich der Greenkeeper mit einem Kollegen um alles andere, was noch auf dem Platz erledigt werden muss: Die Spielfeldlinien werden gezogen, Netze in die Tore gehängt und die Eckfahnen aufgestellt.

Bei internationalen Spielen schreibt die FIFA vor, dass die Grashalme exakt 28 Millimeter lang sein müssen.

* DIE ARENA ERWACHT ZUM LEBEN

Aber nicht nur auf dem Platz, auch unter den Tribünen herrscht schon Stunden vor dem Anpfiff rege Betriebsamkeit. Die Verkäufer an den Imbissständen heizen den Grill an und schleppen etliche Getränkekisten herbei. Die Ordner und das Sicherheitspersonal treffen sich in einem großen Raum. Sie verteilen die Aufgaben und überprüfen die automatische Kartenkontrolle am Eingang des Stadions. Im VIP-Raum kochen die Kellnerinnen und Kellner den ersten Kaffee für die zu erwartenden Gäste. Die Fernsehteams bauen ihre Kameras auf, und die Moderatoren besorgen sich die letzten Informationen für das bevorstehende Spiel. Oben unter dem Dach der Tribüne dreht der Stadionsprecher die

→ EINE MENGE TECHNIK ...

... muss funktionieren – die Beleuchtung gehört dazu: Die Allianz-Arena z. B. wird für Bayern München rot beleuchtet, für 1860 München blau und für neutrale Spiele (z. B. für die deutsche Nationalmannschaft) weiß.

Vor einem Spiel machen sich die Mannschaften immer auf dem Spielfeld warm. So verletzen sie sich im Spiel nicht so schnell.

Viele Teams treffen sich kurz vor dem Anpfiff in einem Kreis auf dem Spielfeld. Dann motivieren sie sich noch einmal gegenseitig für das Spiel. Der englische Fachausdruck dafür lautet »huddle«.

Lautsprecher auf. »Test, eins – zwei, Test« – die Lautsprecheranlage funktioniert einwandfrei.

* IN DER KABINE

30 Meter unter der Kabine des Stadionsprechers läuft noch nicht alles nach Plan. Die Mannschaftsbetreuerin muss ein weiteres Mal zum Trainingsgelände fahren, sie hat zwei Paar Schuhe vergessen. Schon lange müssen die Profis ihre Trikots und Schuhe nicht mehr selbst säubern. Diese Aufgaben werden von den Mitarbeitern des Vereins übernommen. Vor dem Spiel liegt die Ausrüstung dann frisch gewaschen bei jedem Spieler im Kabinen-Spind. Damit sich die Spieler vor dem Anpfiff noch stärken können, stehen in der Kabine eine Schüssel mit Obst und viele Getränke bereit.

Noch eine Stunde bis zum Spielbeginn. Die Mannschaften fahren in ihren Bussen vor. Jetzt müssen die Kabinen fertig hergerichtet und der Rasen spielbereit sein. Schließlich werden sich hier gleich die Mannschaften warm laufen und einige Bälle hin- und herkicken. Die ersten Zuschauer warten geduldig auf ihren Einlass. Das Spitzenspiel kann beginnen!

In der Kabine des FC Bayern München hat jeder Spieler seinen eigenen Spind. Das Trikot und die unterschiedlichen Schuhe legen Mitarbeiter des Vereins bereit.

Stutzen, Stollen, Schienbeinschoner

Kurz nachdem Tarik morgens aufgestanden ist, dreht sich bei ihm schon alles um Fußball. Und erst am Abend legt er den Ball wieder aus der Hand. Man könnte meinen, alle Kinder auf der Welt müssten neidisch auf ihn sein. Dabei hat Tarik erst selten Fußball gespielt. Er muss zusammen mit seinen Geschwistern Fußbälle herstellen.

SPORTARTIKEL AUS PAKISTAN

Ende des 19. Jahrhunderts waren in der Region um Sialkot britische Soldaten stationiert. Sie brachten ihre beschädigte Sportausrüstung den Einheimischen, damit diese sie reparieren konnten. So entwickelte sich die Sportartikelherstellung in Sialkot.

Jedes Jahr werden ungefähr 40 Millionen Fußbälle auf der ganzen Welt verkauft. Für die meisten Menschen bedeuten die Bälle Spaß und Freizeitvergnügen. Für diejenigen, die sie herstellen, sind die Fußbälle der Lebensunterhalt.

Tarik wohnt in Sialkot, einer Region im Nordosten von Pakistan. Dort werden fast 75 % aller Fußbälle, die auf der Welt verkauft werden, hergestellt. Auch Tarik näht hier in einer kleinen Fabrik Bälle zusammen. In Deutschland dürfte er noch gar nicht arbeiten – Tarik ist nämlich erst 11 Jahre alt. Eigentlich ist Kinderarbeit auch in Pakistan verboten. Aber die Polizei kommt nie in der kleinen Fabrik am Rande der Stadt vorbei, in der Tarik arbeitet. Natürlich würde er viel lieber mit den anderen Kindern spielen und zur Schule gehen, um etwas zu lernen. Aber Tariks Eltern sind so arm, dass die Familie auf das Geld angewiesen ist, das Tarik mit nach Hause bringt.

* SCHUFTEN FÜR EIN PAAR CENT

Ein Fußball kostet in einem Geschäft in Deutschland zwischen 20 und 40 Euro – Tarik bekommt dafür aber nur ein paar Cent. Das meiste Geld verdienen die Firmeninhaber und die Sportartikelhersteller, die die Fußbälle in Deutschland verkaufen. Die bekanntesten Firmen achten darauf, dass ihre Produkte nicht von Kindern hergestellt werden. Manche Menschen kritisieren aber, dass sie den Erwachsenen so wenig Lohn zahlen, dass die ihre Kinder zu anderen Firmen schicken müssen, damit sie dort arbeiten. Tarik weiß nicht so recht, was er sich für seine Zukunft wünschen soll. Einerseits gibt es immer weniger Kinderarbeit, weil viele Menschen keine Fußbälle mehr kaufen möchten, die von Kindern genäht wurden. Andererseits braucht seine Familie das Geld zum Überleben. Vielleicht, so hofft er, bekommt seine

→ NEIN! ZU KINDERARBEIT

Wenn du sichergehen willst, dass du einen Ball oder Schuhe kaufst, die nicht von Kindern hergestellt wurden, frag bei den Verkäufern nach. Es gibt sogar spezielle Organisationen und Großhändler, die nur Waren kaufen, bei denen sie selbst kontrolliert haben, dass sie ohne Kinderarbeit hergestellt wurden.

Hochwertige, teure Bälle werden heute geklebt. Nur die einfachen werden noch von Hand genäht.

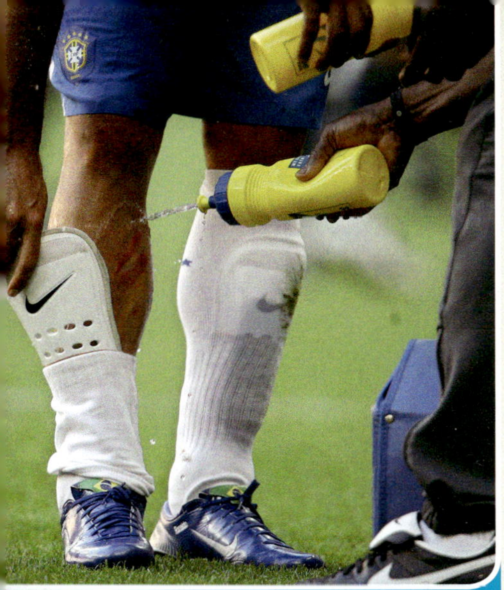

Die Schienbeinschoner schützen die Spieler vor Tritten. Sie werden aus Hartplastik hergestellt und unter den Stutzen angezogen.

Für einen festen Stand auf rutschigem Rasen benutzt man Schuhe mit langen Stollen. Für Spiele auf Ascheplätzen und Kunstrasen reichen auch Schuhe mit vielen kurzen Noppen aus.

Früher spielten die Spieler in wahren Fußballstiefeln.

Familie eines Tages einen gerechteren Lohn für ihre Arbeit. Dann könnte Tarik in die Schule gehen und in seiner Freizeit Fußball spielen.

* VOM STIEFEL ZUM HIGHTECH-SCHUH

Ähnlich wie bei den Fußbällen gibt es auch bei der Herstellung von Fußballschuhen manchmal Kinderarbeit. Aber auch hier haben die großen Sportartikelhersteller mittlerweile gemerkt, dass viele Kunden Kinderarbeit ablehnen. Deshalb lassen sie ihre Produkte in ihren Firmen von Erwachsenen herstellen. Das ist bei einem guten Fußballschuh recht aufwändig. Die modernen Schuhe bestehen aus vielen Schichten verschiedenster Materialien, die übereinandergeklebt und -genäht werden. Dabei sollen sie elastisch sein, aber auch nicht reißen, sie sollen luftdurchlässig sein, müssen aber auch Wasser standhalten. Und nicht zuletzt müssen sie dem Spieler ein gutes Gefühl verleihen und gut aussehen. Früher waren Fußballschuhe richtige Stiefel, die oft mit Stahlkappen versehen waren. So sollten die Füße der Spieler geschützt werden. Von damals übrig geblieben sind noch die Stollen. Unter der Sohle sorgt dieses spezielle Profil dafür, dass die Spieler einen guten Halt haben, z. B. auf rutschigem Rasen. Es gibt unterschiedliche Fußballschuhe für die verschiedenen Spielfelder.

* KLEIDERORDNUNG

Nur mit Fußballschuhen bekleidet darf natürlich kein Spieler aufs Feld. In den offiziellen Regeln steht genau festgeschrieben, wie die Ausrüstung eines Fußballers aussehen muss. Neben den Schuhen müssen Schienbeinschoner für den Schutz der Beine sorgen. Darüber kommen Stutzen, also lange Strümpfe. Das sieht besser aus und sorgt dafür, dass die Schoner nicht rutschen. Außerdem ist festgelegt, dass die Mannschaften in kurzen Hosen und Trikots mit Ärmeln spielen müssen. An diese Regeln müssen sich alle Vereine halten.

2004 sorgte die Nationalmannschaft von Kamerun für einen Streit mit der FIFA über die Ausrüstung der Spieler. Kamerun wollte in einteiliger Bekleidung auflaufen: Das Trikot und die Hose waren hauteng und zusammengenäht. Die FIFA verbot den Afrikanern schließlich, in diesen Leibchen zu spielen. Schon zwei Jahre zuvor hatte der Kameruner Verband versucht, ein neues Trikot einzuführen. Diese Version hatte keine Ärmel. Aber auch das erlaubte der Weltverband nicht.

Lucas Rebscher ist Stürmer beim 1. FC Schweinfurt 05 in Bayern. Sein größter Traum ist es, einmal Profi zu werden. Dann würde er mit dem Fußball Geld verdienen, genauso wie seine Vorbilder Francesco Totti aus Italien und Marek Mintál vom 1. FC Nürnberg.

Philipp Lahm spielte schon in der U 19, U 20 und U 21 der deutschen Nationalmannschaft, bevor er in der Nationalmannschaft eingesetzt wurde. Das erste Mal schnürte er seine Fußballschuhe für den FT Gern aus München. → → →

Auf dem Weg

FUSSBALL-SCOUTS

Jeder größere Verein hat mehrere Spielerbeobachter, auch für die Jugendmannschaften. Scout kommt aus dem Englischen und bedeutet ursprünglich Kundschafter. Die Fußball-Scouts schauen sich Spiele von anderen Mannschaften an, um besonders talentierte Fußballer zu entdecken, die ihr Verein verpflichten könnte.

Auswahl

Die deutschlandweit besten Spieler eines Jahrgangs spielen in den Jugendmannschaften des DFB. Es gibt Mannschaften von der U 15 (für unter 15-Jährige) bis zur U 21. Aber kaum ein Spieler kommt sofort in eine DFB-Auswahl. Zunächst werden sie in sogenannte Stützpunktmannschaften aufgeteilt. Mit dieser Mannschaft gibt es regelmäßige Trainingseinheiten. Die besten aus diesen Mannschaften dürfen dann irgendwann das Trikot der Jugendnationalmannschaft tragen.

nach oben

Es ist Dienstagnachmittag. Frau Rebscher hat gerade ihren Sohn Lucas aus der Schule abgeholt. Als sie die Tür aufschließt, klingelt das Telefon. »Hier spricht Harald Spörl vom Hamburger Sportverein. Sind sie die Mutter von Lucas Rebscher?«, fragt eine Männerstimme. Zehn Minuten später sitzt die ganze Familie fassungslos um den Küchentisch. Lucas ist zu einem Scouting-Camp des Hamburger Sportvereins eingeladen – ein dreitägiges Probetraining, zu dem insgesamt 22 Fußballkids kommen, um ihr Talent unter Beweis zu stellen. Die elf Besten dürfen dann in Hamburg an einem Scouting-Turnier teilnehmen.

Lucas ist ganz aus dem Häuschen. Eigentlich spielt er in der D-Jugend des 1. FC Schweinfurt 05 und ist Stützpunktkind des Bayrischen Fußballverbands. Er hat im Verein und im Stützpunkt als linker Außenstürmer eine erfolgreiche Saison gespielt, vor allem viele Tore geschossen. Und jetzt hat ihn ein Spielerbeobachter, ein sogenannter Jugendscout, entdeckt.

Lucas' Vater ist nicht ganz so begeistert. »Natürlich ist das eine tolle Sache, aber du bist doch erst zwölf und du musst auch zur Schule!«, sagt er zu Lucas. »Na ja«, wirft Lucas' Mutter ein, »es ist doch erst mal nur ein Probetraining. Und außerdem eine große Chance.« Das sieht Lucas ganz genauso. Am folgenden Wochenende packt er voller Erwartung seine Sporttasche und fährt mit seinen Eltern nach Bamberg. Dorthin hat der HSV alle talentierten Jugendfußballer aus der Region eingeladen, um sie zu testen.

Es geht raus auf den Platz. Das Training ist eigentlich nichts Besonderes, die Probespieler müssen nur ein bisschen dribbeln und mit dem Ball jonglieren. Harald Spörl leitet das Training. »Wir wollen erst mal nur sehen, welche Spieler mit dem Ball umgehen können«, erklärt er den Jungen und ihren Eltern. Dann gibt es ein Trainingsspiel. Lucas spielt in der Mannschaft mit den roten Leibchen, aber irgendwie läuft es heute nicht richtig rund für ihn. Er hat zwar einen Ball an die Latte geköpft und ein super Solo hingelegt, aber dafür auch einige Bälle danebengeschossen.

✱ DIE ENTSCHEIDUNG

Einige Tage später bekommt Lucas den heiß ersehnten Brief. Der HSV will ihn zwar nicht sofort verpflichten, aber man verspricht ihm, dass er wieder zum Probetraining eingeladen wird, wenn er weiter so hart trainiert und erfolgreich spielt. Das findet Lucas vollkommen in Ordnung. »Jetzt kann ich mich erst mal mit meinem Verein in Schweinfurt auf die Meisterschaft konzentrieren. Und außerdem muss ich dann nicht jetzt schon von zu Hause weg«, sagt er schmunzelnd.

Lucas und die anderen Mitspieler sollen beim Auswahltraining ihre Koordination unter Beweis stellen. Der Trainer macht ihnen vor, wie sie gleichzeitig seitwärts laufen und dabei Hindernisse überwinden müssen.

HSV-Zentrale

Harald Spörl spielte von 1987 bis 2001 in 321 Bundesligaspielen für den Hamburger SV. Jetzt arbeitet er für den HSV als Jugendscout und sucht in der Umgebung von Bamberg, seiner Heimat, nach jungen Talenten.

Immer im Rampenlicht

Wenn Michael Ballack die Tür in seinem Haus in London aufschließt, ist er meist ein bisschen erleichtert. Jetzt kann er ein paar Stunden unbeobachtet mit seiner Frau und seinen Kindern verbringen.

»Ich brauche auch mal ein bisschen Zeit für meine Familie«, sagt der deutsche Mittelfeldspieler. Denn wenn Fußballstars wie er das Haus verlassen, werden sie auf Schritt und Tritt beobachtet. Immer taucht irgendwo ein Reporter, eine Kamera oder ein Fan auf. Ständig müssen sie Autogramme schreiben oder sich auf Veranstaltungen mit ihren Sponsoren zeigen. An anderen Tagen haben sie Fotoshootings und Aufnahmen für Werbefilme.

»Natürlich sind die verschiedenen Aufgaben oft spannend, aber es ist eben auch sehr anstrengend«, sagt Ballack. Immerhin werden die Stars dafür meist großzügig durch ihre Gehälter entschädigt. Auch in der Bundesliga können die Spieler viel Geld verdienen. Die meisten deutschen Nationalspieler kamen in den letzten Jahren von Bayern München, Bayer Leverkusen und Werder Bremen.

* FÜR DEN FUSSBALL INS AUSLAND

Viele Spieler aus anderen Ländern verlassen hingegen wegen des Fußballs ihre Heimat. Die besten Brasilianer beispielsweise spielen in den europäischen Top-Ligen. Ronaldinho wechselte aus Brasilien nach Frankreich zu Paris Saint-Germain und dann zum FC Barcelona in die spanische Primera División (= Erste Liga). Lucio spielt seit vielen Jahren in der Bundesliga. Er erklärt, warum: »In Brasilien kann ich nicht so viel Geld verdienen wie hier. Außerdem ist dort die erste Liga nicht so stark wie die Bundesliga.«

Spätestens seit der WM 2006 haben auch europäische Spitzenvereine bemerkt, dass es eine Reihe guter deutscher Nachwuchsspieler gibt. Christoph Metzelder spielt mittlerweile bei Real Madrid, Jens Lehmann hütet das Tor vom FC Arsenal. Auch in Zukunft wird sicherlich der ein oder andere deutsche Fußballstar ins Ausland wechseln.

1

1 Michael Ballack begann seine Profikarriere beim Chemnitzer FC. Mit Kaiserslautern wurde er das erste Mal deutscher Meister. Weitere Stationen: Bayer Leverkusen, FC Bayern München, FC Chelsea London.

2 Als Lukas Podolski 2004 noch beim 1. FC Köln spielte, gehörte er zu den wenigen Spielern, die in die Nationalmannschaft berufen wurden, obwohl sie nur in der zweiten Bundesliga spielten.

3 Nach dem Training ging Marcell Jansen als Kind immer noch auf den Bolzplatz. Es hat sich gelohnt: Mittlerweile spielt er beim FC Bayern und in der Nationalmannschaft.

4 Christoph Metzelder spielt seit dem Sommer 2007 bei Real Madrid in Spanien. Vor ihm spielten erst fünf deutsche Fußballer beim erfolgreichsten Verein Europas.

5 Seitdem er 14 Jahre alt ist, spielt Bastian Schweinsteiger für den FC Bayern München. Sein Länderspieldebüt gab er mit 19 Jahren.

6 Seit der Sommerpause 2007 verfügt der FC Bayern über einen der besten Angriffe Europas: den Italiener Luca Toni, den Franzosen Franck Ribéry und den Deutschen Miroslav Klose.

7 Der brasilianische Abwehrspieler Lucio ist bei seinen Gegenspielern wegen seiner schnellen Konterläufe gefürchtet.

8 Jens Lehmann hütet das Tor von Arsenal London in England. 1997 erzielte er für den FC Schalke 04 das erste Bundesligator eines Torwarts aus dem laufenden Spiel heraus.

9 Zunächst spielte Torsten Frings als Stürmer. Inzwischen wird er häufig als defensiver Mittelfeldspieler aufgestellt, weil er besonders zweikampfstark ist.

2

3
T-Home

4
bwin

5

6

7

8
SAMSUNG

9

Unvergessene

STARKULT

2007 wechselte David Beckham zu Los Angeles Galaxy in die USA. In den ersten Wochen nach seiner Ankunft kauften 250.000 Fans sein Trikot mit der Nummer 23.

Pelé, Beckenbauer, Zidane – diese Namen kennt jeder Fußballfan auf der Welt. Millionen Menschen spielen Fußball, einige tausend von ihnen verdienen damit Geld. Aber nur wenige Fußballer sind so bekannt und beliebt, dass sie zu internationalen Stars werden.

Helden am Ball

Fußballspieler werden aus ganz unterschiedlichen Gründen zu Stars und Legenden. Entweder haben sie besonders viele Tore geschossen, viele Titel gewonnen oder besonders viele Länderspiele bestritten. Auch außergewöhnliche Aktionen oder eine besondere Spielweise können dazu beitragen, dass Spieler berühmt werden. Auf jeden Fall werden aber nur solche Spieler zu Stars und Legenden, die sich immer mit all ihrem Können und ihrer Kraft für ihren Verein ins Zeug gelegt haben. Fans möchten sich mit ihren Stars identifizieren können.

* DER »KAISER«

Einer der bekanntesten Fußballer der Welt ist Franz Beckenbauer. Beckenbauer hat 19 Jahre lang für den FC Bayern München und zwei Spielzeiten für den Hamburger SV gespielt. Gegen Ende seiner Karriere stand er zusammen mit dem Brasilianer Pelé bei New York Cosmos in den USA auf dem Spielfeld. Seine Position war meist das defensive Mittelfeld oder die Abwehr. Weil er so ein außergewöhnlicher Fußballer war, bekam er viele Spitznamen. Noch heute ist er als »Kaiser« oder als »Lichtgestalt« bekannt. Diese Namen zeigen, wie groß die Verehrung der Fans für Franz Beckenbauer ist.

Viele der ehemaligen Weltklasse-Fußballer arbeiten auch weiterhin im Fußballgeschäft, wenn sie nicht mehr auf dem Platz aktiv sind. Franz Beckenbauer zum Beispiel engagiert sich heute für den DFB und ist Mitglied des Vorstands des

Franz Beckenbauer hat im Alter von 20 Jahren sein erstes von insgesamt 102 Länderspielen bestritten. Viele Fußballfans bezeichnen ihren Lieblingsstar als »Fußballgott«. Aber für manche Fußballer setzen sich ganz bestimmte Spitznamen durch. Weil Franz Beckenbauer für den besten Fußballer Deutschlands gehalten wurde, bekam er den Spitznamen »Kaiser«. Es gibt noch mehr »Adlige«: »König« Otto Rehhagel und »Prinz« Lukas Podolski.

Diego Maradona

Oliver Kahn hat 86 Länderspiele bestritten und an vier Weltmeisterschaften teilgenommen.

Statistisch schießt Michael Ballack in fast jedem zweiten Länderspiel ein Tor.

Weltverbandes FIFA. Er hatte großen Anteil daran, dass die Weltmeisterschaft 2006 in Deutschland stattfinden konnte. Weil er so bekannt und beliebt ist, konnte er für den Austragungsort Deutschland erfolgreich Werbung machen.

* DIE HAND GOTTES?

Eine weitere, unvergessliche Legende ist Diego Maradona. Viele Fußballfans glauben, dass der Argentinier mindestens so gut Fußball spielen konnte wie Pelé und Beckenbauer. Eine Aktion bei der Weltmeisterschaft 1986 machte ihn weltberühmt: Er erzielte ein Tor, indem er den Ball mit der Hand über den Torwart lupfte. Nach dem Spiel sagte er, dass es »die Hand Gottes« gewesen sei, die das Tor erzielt hat. Dieser Spruch wurde zu einem der berühmtesten Fußballersprüche der Welt. Diego Maradona wurde aber nicht nur durch seine spektakuläre und außerordentliche Spielweise berühmt. Leider konnte er mit seinen Erfolgen und dem Erfolgsdruck von außen auf Dauer nicht umgehen. Immer wieder wurde er beim Doping und mit Drogen erwischt. 1994 wurde er von der Weltmeisterschaft ausgeschlossen, weil er ein Dopingmittel genommen hatte. In den folgenden Jahren wurde er mehrfach wegen Drogenmissbrauchs in Krankenhäuser eingeliefert.

Nur sechs Länderspiele hat Karl-Heinz Körbel bestritten. Trotzdem ist er für viele Fußballfans eine Legende. Körbel stand zwischen 1972 und 1991 602-mal auf dem Platz und ist damit Bundesliga-Rekordspieler. Alle Spiele hat er übrigens für Eintracht Frankfurt bestritten.

FUSSBALL UND GELD

Natürlich wollen alle Vereine gern einen großen Star in ihrer Mannschaft spielen haben. Deshalb können sich die besonders guten Spieler oft aussuchen, bei welchem Team sie spielen möchten. Und richtig viel Geld für ihre Leistung verlangen. So mancher Fußballspieler bekommt von seinem Verein ein Gehalt von mehreren Millionen Euro im Jahr. Und die Stars kosten die Vereine noch mehr Geld: Wenn ein Spieler bei einem Fußballverein unter Vertrag steht und zu einem anderen Verein wechseln möchte, muss dieser eine Ablösesumme zahlen. Bei großen Stars wie David Beckham, Ronaldinho oder Michael Ballack sind das 10, 30 oder sogar 50 Millionen Euro. Früher war das noch ganz anders. Als Franz Beckenbauer 1958 beim FC Bayern München anfing, hatte er noch einen Nebenjob, um genug Geld zu verdienen. 1977 wechselte er für die damalige Rekordablösesumme von 2 Millionen Dollar in die USA. Heute muss ein Bundesligaverein so viel Geld für einen mittelklassigen Spieler ausgeben. Manchmal entsteht heute der Eindruck, dass es nicht mehr um das Fußballspielen an sich geht, sondern um Stars.

BESSER ALS BECKENBAUER

Ein großer holländischer Fußballer vergangener Tage ist Hendrik Johannes Cruyff, den alle nur Johan nannten. Er erzielte in 48 Länderspielen 33 Tore für die Niederlande. Seine beste Zeit hatte er in den 1960er und 1970er Jahren. In dieser Zeit spielte er für Ajax Amsterdam in der ersten holländischen Fußballliga. In zahlreichen Europapokal- und Länderspielen trat Johan Cruyff auch gegen deutsche Fußballlegenden an. Franz Beckenbauer sagte einmal über Cruyff: »Er war der bessere Spieler, aber Weltmeister bin ich.« Und tatsächlich spielte der holländische Mittelfeldspieler mit einer hervorragenden Technik und großer Torgefährlichkeit. Obwohl er und die gesamte niederländische Nationalmannschaft zu dieser Zeit zur absoluten Weltspitze im Fußball gehörten, konnte Holland noch nie eine WM gewinnen. Dafür hat auch Johan Cruyff einen Titel, der Franz Beckenbauer wohl nie verliehen wird: Wegen seiner Verdienste wurde er von der niederländischen Königin Juliana zum »Ritter der Ehrenlegion« geschlagen. Und in Fußballerkreisen gilt er auch heute noch als »König«.

Zinédine Zidane, einer der besten französischen Spieler. Leider hat er wegen seiner impulsiven Art oft Rote Karten bekommen.

Ronaldo ist der ewige WM-Torschützenkönig. Er erzielte insgesamt 15 Tore für Brasilien bei den WMs 1994, 1998, 2002 und 2006.

Johan Cruyff gewinnt einen Zweikampf gegen Wolfgang Overath, einen der besten deutschen Mittelfeldspieler der 1970er-Jahre.

David Beckham ist einer der bekanntesten und beliebtesten Fußballer der Welt.

Wer kennt ihn nicht – Edson Arantes do Nascimento? Jeder Fußballfan kennt diesen Spieler. Allerdings unter dem Namen Pelé. Pelé ist nach wie vor der bekannteste Fußballspieler der Welt. Dabei hat er zuletzt vor über 30 Jahren die Fußballschuhe geschnürt. Pelé war ein hervorragender Techniker am Ball, schoss viele Tore und machte so viele Länderspiele, dass er unvergessen bleiben wird.

Hier nur einige seiner Erfolge:
- *1958, 1962, 1970 Weltmeister*
- *1281 Tore in 1363 Spielen*
- *offizieller Weltfußballer des 20. Jahrhunderts*

Helmut Rahn schoss eines der bekanntesten und wichtigsten Tore der deutschen Nationalmannschaft: das Siegtor im WM-Finale 1954 gegen Ungarn.

Kurioses aus der Welt des Fußballs

EWIGE VERLIERER

Als Tasmania Berlin 1965 in die erste Bundesliga aufstieg, war die Euphorie bei den Fans riesig: Über 80.000 Zuschauer kamen zum ersten Spiel gegen den Karlsruher SC und wurden mit einem Sieg belohnt. Doch danach ging es kontinuierlich bergab, das nächste Spiel konnte

die Mannschaft erst am letzten Spieltag gewinnen. Mit 8:60 Punkten und 15:108 Toren stieg Tasmania direkt wieder ab und ist seitdem die schlechteste Bundesligamannschaft aller Zeiten. Der Verein hält weitere Negativrekorde: die wenigsten Tore, die meisten Gegentore, die wenigsten Siege, die höchste Heimniederlage (0:9) und die wenigsten Zuschauer. Am Ende der Saison kamen nämlich nur noch 827 Zuschauer zum Spiel gegen Mönchengladbach.

TIERISCHER FUSSBALL

Beim Derby zwischen Borussia Dortmund und Schalke 04 1969 wurde der Schalker Spieler Friedel Rausch von einem Schäferhund in den Po gebissen. Der Hund war mit auf das Feld gelaufen, als Zuschauer das 1:0 von Schalke feierten.

GANZ OHNE TRAINER

Am 16. Spieltag der 2. Bundesliga in der Saison 1999/2000 lag Fortuna Köln zur Hälfte der Spielzeit mit 0:2 gegen Waldhof Mannheim zurück. Deshalb entließ der Kölner Präsident noch in der Halbzeit den Trainer Toni Schumacher. Geholfen hat es nichts, das Team verlor noch mit 1:5 und stieg am Ende ab.

Trainer Toni Schumacher

TORHÜTER außer Rand und Band

Torhüter haben eine besonders schwere Aufgabe: Sie sind dafür verantwortlich, dass ihre Mannschaft kein Gegentor bekommt. Außerdem müssen sie immer hochkonzentriert in ihrem Strafraum stehen und darauf warten, ob sich die gegnerische Mannschaft nähert. Manche Torwarte hält es aber nicht in ihrem Tor. José Luis Chilavert, Torhüter aus Paraguay, schoss in seiner Karriere 62 Tore. 45 Mal per Elfmeter, die anderen 17 sogar per Freistoß. Der Kolumbier René Higuita ist der zweitgefährlichste Torwart der Welt. Er hat insgesamt 41 Tore geschossen. 1995 hielt er einen Schuss auf sein Tor, indem er hochsprang und mit den Hacken hinter dem Kopf den Ball abwehrte.

FUSSBALLER leben gefährlich

Über ein Drittel aller Verletzungen bei Fußballern betreffen das Kniegelenk und die Unterschenkel. Danach folgen Knöchel- und Fußverletzungen (ca. 25 %). Es ist nicht erstaunlich, dass sich Fußballer am wenigsten an der Hand verletzen (nur 0,6 % aller Verletzungen).

HANDSPIEL BEIM ELFMETER

Nur an einem Ort auf der Welt darf der Fußball auch von einem Feldspieler mit der Hand berührt werden: Auf den Färöern, einer Inselgruppe im Nordatlantik, die aber zu Dänemark gehört, ist es häufig so windig, dass die FIFA eine Sonderregel gefasst hat. Bei einem Elfmeter darf ein Mitspieler des Schützen den Ball mit der Hand festhalten, damit er nicht wegfliegt.

DREI AUF EINEN SCHLAG

Den schnellsten Hattrick aller Zeiten schoss der Schwede Magnus Arvidsson. 1995 erzielte er in einem Spiel für den Verein IFK Hässleholm in 89 Sekunden drei Tore. Später wechselte er in die Bundesliga zum FC Hansa Rostock.

Karl-Heinz Rummenigge gewann nicht nur viele Zweikämpfe, sondern auch zweimal den Pokal für den besten Fußballer Europas.

DIE BESTEN DER BESTEN

Gerd Müller, Franz Beckenbauer, Karl-Heinz Rummenigge, Lothar Matthäus und Matthias Sammer haben etwas gemeinsam: Sie alle wurden in ihrer Karriere zu Europas Spieler des Jahres gewählt. Herausragend: Karl-Heinz Rummenigge gewann zweimal, Lothar Matthäus wurde 1991 sogar Weltfußballer des Jahres.

WUNDERTEAMS

Der 1. FC Nürnberg ist der einzige Verein, der in einem Jahr deutscher Meister wurde (1968) und in der nächsten Saison in die zweite Liga absteigen musste. Dem 1. FC Kaiserslautern gelang es 1998 als einzigem Aufsteiger in der Bundesligageschichte, direkt die Meisterschaft zu gewinnen.

Vom Stadion ins Wohnzimmer

Die Spieler im Profifußball stehen unter ständiger Beobachtung: Bei einem Spiel stehen Dutzende Fernsehkameras, Fotoapparate und Mikrofone bereit, um alles einzufangen und aufzunehmen, was rund um die Spieler passiert.

Es ist Samstagmorgen: Lange bevor irgendein Spieler oder der erste Fan das Stadion vor dem heutigen Bundesligaspiel betritt, fahren riesige LKW auf den Stadionvorplatz. Auf ihren Ladeflächen befindet sich die Technik, die es erst möglich macht, dass so viele Menschen am Wochenende die Bundesliga sehen können.

IN ÜBER 150 LÄNDERN ...

... auf der Welt kann man die Bundesliga live im Fernsehen sehen. Zum Beispiel in Kasachstan, Ägypten oder auf Haiti. Die deutschen Fernsehsender zahlen der Bundesliga zwischen 400 und 500 Millionen Euro pro Saison, um die Fußballspiele zeigen zu können.

Direkt nach den Spielen können sich Spieler und Trainer in Fernsehinterviews äußern.

Trainer wie Christoph Daum geben regelmäßig Pressekonferenzen, auf denen sie den Medienvertretern Neuigkeiten weitergeben und Fragen beantworten. Pressekonferenzen gibt es z. B. vor und nach jedem Bundesligaspiel.

Marcel Reif ist einer der bekanntesten und beliebtesten Fußballkommentatoren im deutschen Fernsehen.

Jedes Spiel wird live im Fernsehen übertragen. Dafür werden neun Kameras im Stadion und am Spielfeldrand aufgebaut. Die wichtigste ist die sogenannte Führungskamera. Sie steht auf einer Tribünenseite ungefähr auf Höhe der Mittellinie. Sie zeigt das Spiel so, wie wir es aus dem Fernsehen gewohnt sind: leicht von oben und mit großem Bildausschnitt. So kann der Zuschauer dem Spielgeschehen am besten folgen, weil er immer einen Großteil des Spielfelds im Blick hat und einen guten Überblick bekommt. Aber das gesamte Spiel aus dieser Einstellung zu sehen wäre sehr langweilig. Deshalb sind noch sieben weitere Kameras rund um das Spielfeld verteilt. Zum Beispiel steht hinter jedem Tor mindestens eine Kamera. Zwei mobile Kameramänner zeigen, was an den Trainerbänken passiert.

* FUSSBALL-REGISSEUR

Und wer trifft die Auswahl der Bilder, die der Fernsehzuschauer sieht? In einem Übertragungswagen vor dem Stadion kommen die Bilder aller Kameras an. Der Regisseur entscheidet, ob gerade die Führungskamera zu sehen sein soll oder lieber ganz groß das Gesicht des Stürmers, der sich gerade ärgert, dass er den Ball danebengeschossen hat. Damit der Zuschauer über alle wichtigen Ereignisse während des Spiels informiert wird, gibt es den Kommentator. Er sitzt mit seinem Mikrofon meistens mitten auf der Tribüne, damit er auch die Stimmung der Fans um ihn herum mitbekommt und kommentieren kann.

* RADIO UND ZEITUNG

Nicht nur Mitarbeiter des Fernsehens halten sich während eines Spiels im Stadion auf. Radioreporter, Zeitungsredakteure, Fotografen und Onlinereporter hoffen alle auf gute Bilder, spannende Geschichten und exklusive Interviews. Dabei gibt es nach Spielschluss bei ihnen eine genaue Rangfolge: Ganz nah an den Spielfeldrand dürfen nur die Kamerateams des Senders, der das Spiel live überträgt. Ausgewählte Fernseh- und Radioreporter dürfen den Spielern am Spielfeldrand ihre Fragen stellen. Die Redakteure von den kleinsten Zeitungen können erst direkt vor der Kabine mit den Spielern sprechen. Doch dann haben meist nur noch wenige Fußballer Lust, ein Interview zu geben – es sei denn, es ist ein glücklicher Torschütze, der seiner Mannschaft zu wertvollen Punkten verholfen hat.

Fußballstars wie Ronaldo sind sehr häufig umlagert von Kamerateams und sollen spontan Kommentare zum Spielverlauf abgeben. So kurz nach einem Spiel ist das oft nicht so einfach.

In manchen Wochen kann man jeden Tag Fußballspiele live im Fernsehen sehen. Diese Tage sind momentan für bestimmte Spiele reserviert:

- → *Montag: 2. Bundesliga*
- → *Dienstag und Mittwoch: Champions League und UEFA-Cup*
- → *Donnerstag: UEFA-Cup*
- → *Freitag: 1. Bundesliga und 2. Bundesliga*
- → *Samstag: 1. Bundesliga*
- → *Sonntag: 1. Bundesliga und 2. Bundesliga*

Bei der WM 2006 wurden überall in Deutschland große Leinwände aufgebaut und darauf die Spiele übertragen. Das nennt man »Public Viewing«, also das öffentliche, gemeinsame Zuschauen. Oft war beim »Public Viewing« eine fast so ausgelassene Stimmung wie in den Stadien.

Beachsoccer, Futsal & Co.

Hoch fliegt der Ball mit den bunten Streifen in Richtung Strafraum. Nico blinzelt in die Sonne, läuft an und steigt hoch – er trifft den Ball mit einem wunderschönen Fallrückzieher und schießt ihn direkt unter die Latte. Als Nico auf dem Boden ankommt, landet er sanft. Denn Nico spielt Beachsoccer.

WORTSTAMM

Beachsoccer – aus dem Englischen: beach: Strand; soccer: Fußball
Futsal – abgeleitet aus dem Portugiesischen: futebol de salão: Hallenfußball

Seit den 90er-Jahren gibt es organisierten Beachsoccer, und der wird immer populärer. Vielleicht wird die Trendsportart schon bald zur olympischen Disziplin.

Futsal-Halle

Die Fußball-Trendsportart wird barfuß auf einem Sandfeld gespielt. Beim Beachsoccer kommt es besonders auf eine solide Technik und ein gutes Zusammenspiel der Mannschaft an. »Der Sand ist tief und der Unterschied zu einem Rasen- oder Ascheplatz groß, da kann man schlecht dribbeln und allein spielen. Deshalb trainieren wir besonders unser Passspiel«, erzählt Nico atemlos und wischt sich den Sand zwischen den Zehen weg. »Auf Rasen zu spielen ist ja schon anstrengend, aber wenn du auf Sand spielst, brauchst du noch viel mehr Kraft und Fitness.«

Nico spielt in einer Mannschaft des Vereins »Strandkaiser Krefeld«. Der Verein gehört zu den wenigen in Deutschland, die Trendsportarten im Fußball anbieten. Dabei ist Beachsoccer in anderen Ländern längst eine der beliebtesten Sportarten und wird fast so häufig gespielt wie normaler Fußball. Vor allem in Südamerika, also z. B. in Brasilien und Argentinien, gibt es schon seit über 40 Jahren offizielle Beachsoccer-Spiele.

* DER NEUE HALLENFUSSBALL

Nicos bester Kumpel Dennis spielt auch bei den »Strandkaisern«. Aber er muss sich zum Fußballspielen Schuhe anziehen. Dennis ist Offensivspieler in der Futsal-Mannschaft. Auch diese Form des Fußballs kommt aus Südamerika. In Brasilien wurde das Spiel speziell für Jugendliche entwickelt, um ihre Technik zu verfeinern. »Meine Vorbilder sind Pelé und Ronaldinho. Die haben auch beide mit Futsal angefangen, bevor sie Fußball auf dem Feld spielten«, berichtet Dennis. Futsal ist eine Art Hallenfußball, aber viel technischer und schneller als der normale Hallenfußball, der in Deutschland noch verbreitet gespielt wird. Der Futsalball ist kleiner als ein Fußball und springt viel weniger. »Dadurch klebt der Ball fast am Fuß«, erklärt Dennis.

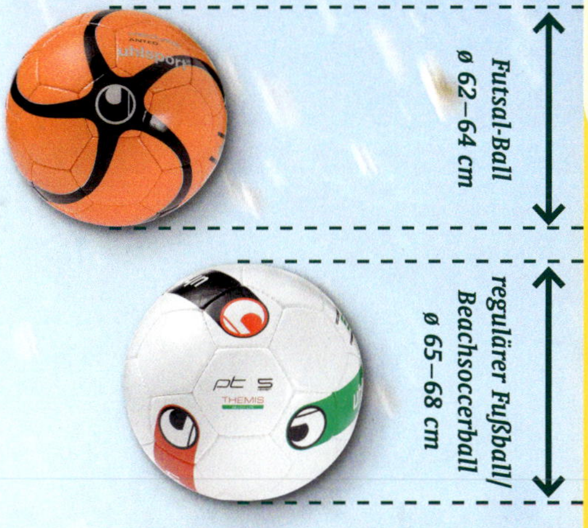

Beim Futsal gelten andere Regeln als beim normalen Hallenfußball. Grätschen sind nicht erlaubt, und Fouls werden sofort abgepfiffen. So wird das Spiel technischer, spektakulärer und spannender für die Zuschauer. Beim Futsal muss man viele Tricks auf Lager haben, um Erfolg zu haben.

Nach dem Ende seiner Karriere als Profi-Fußballer schnürt Zinédine Zidane regelmäßig die Hallenschuhe. Er spielt in einer Futsalauswahl und versucht so, den Sport in Frankreich bekannter zu machen.

Der Beachsoccer-Ball (unten) ist genauso groß wie ein normaler Fußball (65–68 cm), aber aus einem leichteren Material. Futsal wird mit einem kleineren Ball gespielt.

WELTMEISTER 2007

Bei der Weltmeisterschaft 2007 in China gelang der deutschen Frauennationalmannschaft, was vorher noch kein Team geschafft hat: Die deutschen Damen gewannen das Turnier ohne einen Gegentreffer und konnten so ihren Titel aus 2003 verteidigen.

Obwohl es immer mehr Frauenfußballvereine gibt, gehen sehr viel mehr Zuschauer zu den Spielen der Männerbundesliga als zu den Damen. Während bei den Männern durchschnittlich über 40.000 Zuschauer an jedem Samstag im Stadion sind, gucken bei den Frauen im Durchschnitt unter 1.000 Menschen den Spielen zu. In den USA ist das Verhältnis umgekehrt: Dort interessieren sich viel mehr Menschen für den Frauenfußball als für den Männerfußball.

Mädchen

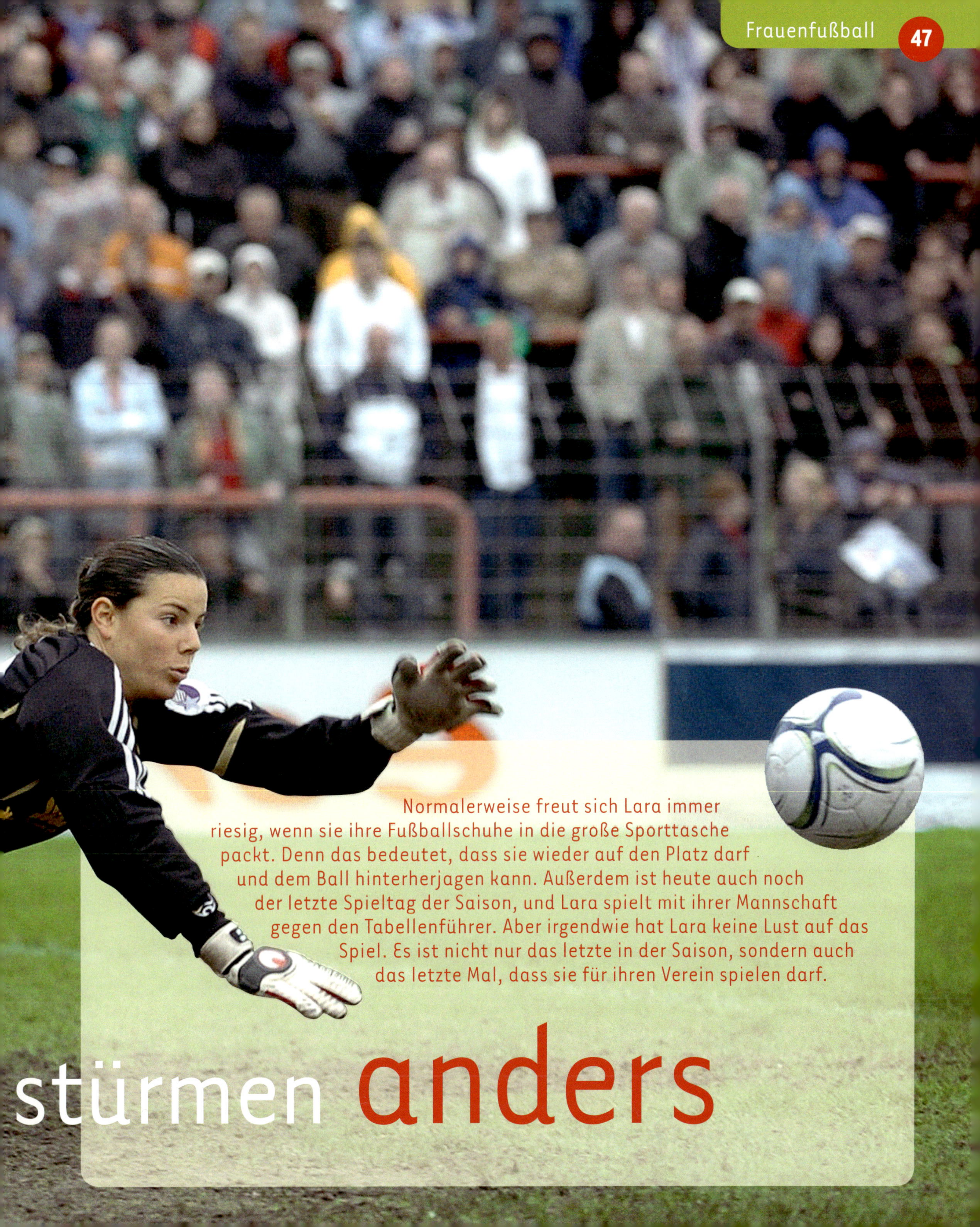

Normalerweise freut sich Lara immer riesig, wenn sie ihre Fußballschuhe in die große Sporttasche packt. Denn das bedeutet, dass sie wieder auf den Platz darf und dem Ball hinterherjagen kann. Außerdem ist heute auch noch der letzte Spieltag der Saison, und Lara spielt mit ihrer Mannschaft gegen den Tabellenführer. Aber irgendwie hat Lara keine Lust auf das Spiel. Es ist nicht nur das letzte in der Saison, sondern auch das letzte Mal, dass sie für ihren Verein spielen darf.

stürmen anders

Die Nationalspielerin Conny Pohlers im Trikot ihres ehemaligen Bundesligavereins Turbine Potsdam. Hier spielt sie gegen den 1. FFC Frankfurt, zu dem sie im Sommer 2007 gewechselt ist.

Die erfolgreichste deutsche Fußballspielerin ist Birgit Prinz. Sie hat über 160 Länderspiele bestritten und dabei mehr als 100 Tore erzielt. In Deutschland hat sie für den FSV Frankfurt und den 1. FFC Frankfurt gespielt. 2002 jagte die Stürmerin in den USA nach dem Ball. Ein Jahr später bekam sie ein ungewöhnliches Angebot: Sie sollte für den italienischen Verein AC Perugia spielen – also in der ersten Männerliga! Obwohl sie dafür eine Million Euro bekommen hätte, lehnte Birgit Prinz das Angebot ab.

→ REKORDVERDÄCHTIG

Rekordnationalspielerin Birgit Prinz hat mehr Länderspiele für die deutsche Auswahl bestritten als Lothar Matthäus bei den Männern.

Sie ist das einzige Mädchen in einer Jungenmannschaft, und in der neuen Saison muss sie aus Altersgründen in die C-Jugend wechseln. Da dürfen Mädchen aber nicht mehr mit Jungen zusammenspielen. Und weil Laras Fußballverein keine Mädchenmannschaft hat, muss sie den Verein wechseln und künftig in einer reinen Mädchenmannschaft spielen. Doch heute steht das letzte Saisonspiel im Vordergrund. Laras Mannschaft gewinnt gegen den Tabellenführer mit 1:0 – durch Laras letzten Treffer gegen einen Jungen im Tor. Das Tor tröstet sie ein bisschen. »Vielleicht ist es gar nicht so schlecht, gegen Mädchen zu spielen. Wenn ich in die Bundesliga will, muss ich das ja sowieso üben«, sagt Lara nach dem letzten Spiel ihrer Mannschaft.

Laras großer Traum es ist, in der Frauenbundesliga zu spielen und einmal im Trikot der deutschen Nationalmannschaft aufzulaufen. Dafür will sie hart trainieren. Denn bis zur Nationalmannschaft ist es noch ein weiter und steiniger Weg. Von den knapp 1 Million fußballspielenden Mädchen und Frauen in Deutschland stehen schließlich am Ende nur ungefähr 25 Spielerinnen im Kader des DFB.

* GEGEN DIE »NATUR DER FRAU«?

Dass es in Deutschland mittlerweile so viele Mädchen- und Frauenmannschaften gibt, die Fußball spielen, war nicht immer so. Frauenfußball war offiziell lange Zeit verboten. Der DFB begründete das damit, dass ein solches »körper- und kampfbetontes Spiel« nicht der »Natur der Frau« entsprechen würde. Erst seit 1970, nachdem die Frauen immer stärker ihr Recht auf Gleichberechtigung eingefordert hatten und der DFB etwas moderner wurde, dürfen Frauen an offiziellen Fußballspielen teilnehmen. Heute melden sich mehr Mädchen als Jungen neu beim DFB an. Seit 1980 wird der DFB-Pokal der Frauen ausgespielt, seit 1990 gibt es die Frauen-Bundesliga. Und seit 2001 auch einen UEFA-Cup der Frauen. Im ersten Jahr konnte ihn direkt der 1. FFC Frankfurt gewinnen.

* MEHR ALS NISCHEN-FUSSBALL!

Die deutsche Frauennationalmannschaft ist eine der besten Mannschaften in Europa bzw. auf der Welt. Sie wurde 2003 und 2007 Weltmeister und schon sechs Mal Europameister. Auch der deutsche Vereinsfußball der Frauen gehört zu den stärksten auf der Welt. Zwar kommen zu den Spielen der Frauen-Bundesliga nicht so viele Zuschauer wie zu denen der Männerliga. Aber die Zuschauerzahlen sind in den letzten Jahren stetig angewachsen.

Vor allem die Vereine der Frauen-Bundesliga sind international sehr erfolgreich. Der UEFA-Cup der Frauen wurde schon häufig von deutschen Mannschaften gewonnen. Die erfolgreichsten Mannschaften der letzten Jahre sind der 1. FFC Frankfurt und der 1. FFC Turbine Potsdam. Nicht nur diese beiden Teams, sondern auch die restlichen Mannschaften der Bundesliga entwickeln sich immer weiter. Dem deutschen Frauenfußball steht also eine erfolgreiche Zukunft bevor.

1998 nannte sich die SG Praunheim in 1. Frauen-Fußball-Club Frankfurt um. Mittlerweile ist er einer der erfolgreichsten Frauenvereine Deutschlands.

Seit der Saison 2007/2008 pfeift Bibiana Steinhaus in der 2. Bundesliga der Herren. Sie ist die erste Schiedsrichterin im Profifußball der Männer.

Spätestens wenn Mädchen 13 Jahre alt geworden sind, spielen sie in reinen Mädchenmannschaften.

Nach der

Notizkarte, Stift und Wählmarke gehören zur Ausrüstung eines Schiedsrichters. Außerdem braucht er natürlich eine Pfeife, ein passendes Trikot, eine Stoppuhr, eine Gelbe und eine Rote Karte.

Pfeife tanzen

Noch zwei Wochen, dann beginnt im Fußballkreis Wuppertal wieder der »Anwärterlehrgang für Schiedsrichter«. Alle Fußballbegeisterten, die Schiedsrichter werden wollen, müssen zuerst an einem solchen Lehrgang in der Nähe ihres Wohnorts teilnehmen. Der Lehrgang in Wuppertal besteht aus fünf Schulungen, in denen den angehenden Schiedsrichterinnen und Schiedsrichtern die 17 Regeln, die es im Fußball gibt, nähergebracht werden. »17 Regeln hört sich nach nicht viel an«, sagt der Lehrwart in Wuppertal, der die Schiedsrichter ausbildet. »Aber es gibt so viele Spielsituationen und Sonderfälle, dass man richtig viel lernen muss, um Schiedsrichter werden zu können.«

In 17 Regeln ist ganz genau festgelegt, wie ein Fußballspiel abzulaufen hat. Dabei geht es um grundsätzliche Fragen wie »Das Spielfeld« (Regel 1) oder »Wie ein Tor erzielt wird« (Regel 10). Aber auch spezielle Themen wie »Abseits« (Regel 11) oder »Einwurf« (Regel 15) sind in den Regeln festgelegt. Die Regeln werden von einem Gremium der FIFA ausgearbeitet, dem International Football Association Board. Der DFB passt diese Regeln dann an die deutschen Gegebenheiten an.

Im Jugendfußball gelten etwas andere Regeln als bei den Senioren. Hier gibt es z. B. anstatt der Gelb-Roten Karte eine Zeitstrafe von 5 Minuten, nach der der Spieler wieder am Spiel teilnehmen darf.

Am Ende des Lehrgangs müssen die Teilnehmer einen Regeltest ablegen und beweisen, dass sie die Regeln beherrschen. Dazu kommt noch ein praktischer Test auf der Laufbahn eines Sportplatzes: Die Anwärter müssen dort eine Ausdauerstrecke bewältigen und mehrere Sprints ablegen. Der Lehrwart erklärt, warum auch das besonders wichtig ist: »Ein Unparteiischer muss körperlich fit sein. Fußballspieler haben hin und wieder eine kurze Verschnaufpause, z. B. während der Ball in der anderen Spielfeldhälfte ist. Ein guter Schiedsrichter ist dagegen fast die ganze Spielzeit über in Bewegung. Schließlich muss er auf dem gesamten Spielfeld Entscheidungen treffen.«

Im Durchschnitt läuft ein Bundesligaschiedsrichter während der 90 Minuten Spielzeit fast elf Kilometer. Das entspricht ungefähr einem Viertel eines Marathonlaufs.

* DER TRAUM BUNDESLIGA

Genau wie für Spieler ist es auch für Schiedsrichter der größte Traum, Spiele der Bundesliga und internationale Spiele leiten zu dürfen. Wer das schaffen will, muss seine Laufbahn früh beginnen. Viele der Teilnehmer sind Jugendliche, denn in der Regel darf man ab 14 Jahren Schiedsrichter werden. Auch die 15-jährige Anna und der 16 Jahre alte Metin besuchen den Lehrgang. Wenn sie die Prüfung bestehen, dürfen die Jungschiedsrichter zuerst die Spiele von Jugendmannschaften leiten. Wenn ein Schiedsrichter im Laufe der Zeit beweist, dass er ein fairer und guter Spielleiter ist, kann er – genauso wie die Fußballmannschaften – in höhere Ligen aufsteigen.

In Wuppertal haben alle Teilnehmer den Lehrgang bestanden. Jetzt bekommen sie vom Lehrwart ihre ersten Gelben und Roten Karten überreicht. »Ich hoffe, dass ihr sie nicht allzu oft benutzen müsst«, wünscht ihnen der Ausbilder. Anna und Metin stecken die Karten mit einem Grinsen in ihre

Taschen. »Das ist klasse, dass wir jetzt pfeifen dürfen«, sagt Metin, »so sind wir immer hautnah bei unserem Lieblingssport dabei und bekommen dafür sogar ein kleines Taschengeld.«

* DAS ERSTE SPIEL

Am nächsten Sonntag hat er gleich sein erstes Spiel. Zwei D-Jugend-Mannschaften spielen auf einem Ascheplatz am anderen Ende der Stadt. »Ich weiß noch gar nicht, wie ich da hinkomme!«, stöhnt Metin. Und dann muss er sich noch darum kümmern, dass er ein Schiedsrichter-Trikot bekommt, er wird sich die Regeln noch mal durchlesen – und dann auf dem Platz bei den Mannschaften lernen, sich durchzusetzen. »Das ist alles ganz schön schwierig. Aber ich freue mich auch riesig darauf«, fügt Metin hinzu.

Michael Kempter ist der jüngste Schiedsrichter, den es in der Bundesliga gab. Seine erstes Spiel pfiff er mit 23.

Abseits!

In dieser Situation steht der Spieler B im Abseits, obwohl der Ball nicht direkt von seinem Mitspieler A kommt. Spieler A hat auf das Tor geschossen. Dabei stand Spieler B im Abseits. Allerdings »passiv«, weil er nicht in das Spielgeschehen eingriff. Der Torwart kann den Ball abwehren und ihn zu Spieler B lenken. Nun wird aus der »passiven« Abseitsstellung eine »aktive«, weil Spieler B nun doch ins Spiel eingreift.

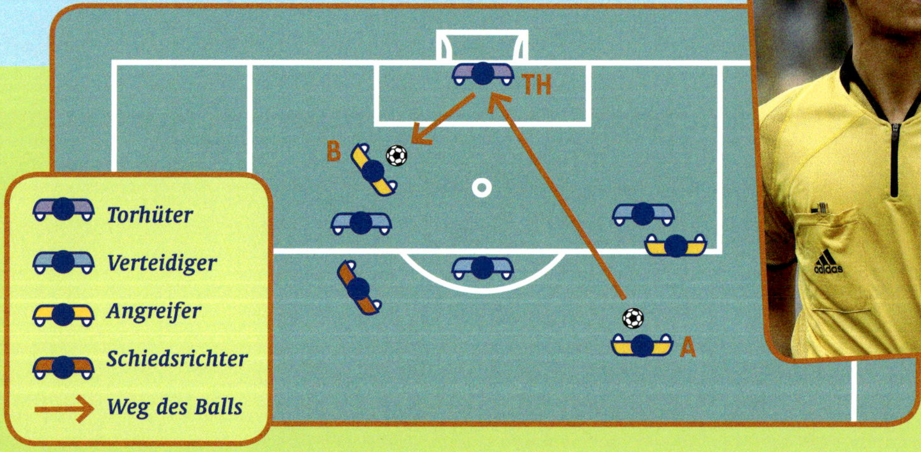

In einem mehrtägigen Lehrgang erklärt der Lehrwart die 17 Fußballregeln.

Eine besondere Regelfrage: Ein Verteidiger spielt einen Freistoß zu seinem Torwart zurück. Der Torwart steht aber an der anderen Strafraumecke und kann den Ball nicht mehr erreichen – deshalb rollt er ins Tor. Wie muss der Schiedsrichter jetzt entscheiden? Tor für die gegnerische Mannschaft? Nein – er gibt einen Eckball. Denn aus einem Vorteil für eine Mannschaft (dem Freistoß) darf nicht direkt ein Nachteil (das Eigentor) werden. Weil das Spiel aber weitergehen muss und der Ball die Torlinie überrollt hat, gibt es Eckball.

Pierluigi Collina war zwischen 1998 und 2003 sechs Mal in Folge Weltschiedsrichter.

Dr. Markus Merk ist seit 1988 Schiedsrichter in der Fußball-Bundesliga. 2004 und 2005 wurde er zum Weltschiedsrichter gekürt.

Um eine Verwarnung und einen Feldverweis für alle Spieler und Zuschauer zu verdeutlichen, wurden zur WM 1970 die Gelbe und die Rote Karte eingeführt. Bei den Farben orientierte man sich an denen der Ampel.

SCHIEDSRICHTER-HONORAR

Schiedsrichter bekommen dafür, dass sie ein Spiel leiten, einen bestimmten Geldbetrag, der für jede Klasse festgelegt ist. Zudem werden ihre Fahrtkosten erstattet. Bei Jugendspielen und in den unteren Seniorenligen bekommt der Schiedsrichter zwischen sechs und 15 Euro. Die Beträge steigern sich bis zu über 6.000 Euro für ein Spiel der Ersten Bundesliga.

IN DEUTSCHLAND VERBOTEN

Die bunten Fackeln werden bengalische Fackeln genannt. Bei allen Spielen des DFB, der UEFA und der FIFA sind die Fackeln verboten. Viele Fans finden das schade, denn sie verbreiten eine besondere Stimmung. Allerdings sind ihr Feuer und der Rauch einfach zu gefährlich für die vielen Menschen in einem Fußballstadion.

Grenzenlose Leidenschaft

Die Straßenbahn ist überfüllt, ständig steht jemand auf Bens Füßen. Und wieder wischt ihm ein fremder Fanschal durchs Gesicht. Aber diese Enge muss er jetzt aushalten. Schließlich will er auch dahin, wo all die anderen Menschen in der Bahn hinwollen: ins Stadion seiner Mannschaft! Langsam wird es knapp, denn Anstoß ist wie bei jedem Heimspiel am Samstag um 15:30 Uhr – eine feste Größe im Leben vieler Fußballfans.

Hinter der nächsten Kurve kann Ben das Stadion auch schon sehen. Es wurde erst vor zwei Jahren gebaut und ist so groß, dass es über die Häuser in der Umgebung hinausragt. Als er aussteigt, gerät er sofort in einen riesigen Strom von Fußballfans. Schnell greift er nach der Hand seines Vaters. Mit ihm zusammen geht er jeden zweiten Samstag ins Stadion – immer zu den Heimspielen.

Am Eingang angekommen, müssen sie ihre Dauerkarten zeigen und dürfen durch ein Drehkreuz auf den Stadionvorplatz gehen. Allerdings wird Bens Vater von Sicherheitsleuten von oben bis unten abgetastet. »Das machen wir, damit niemand Waffen oder Feuerwerkskörper ins Stadion schmuggelt«, erklärt der Ordner. Natürlich hat Bens Vater keine Waffen dabei – und die beiden erklimmen die Treppenstufen zum Stadion.

Viele Fans haben immer dieselben Rituale, wenn sie ins Stadion gehen – so auch Ben und sein Vater. Wenn sie unter den Tribünen stehen, steuern sie zuerst eine der Würstchenbuden an, um sich eine Stadionwurst zu kaufen. Danach gibt es noch für jeden ein Getränk, und erst dann gehen Ben und sein Papa auf ihre Plätze. Früher waren für sie Plätze auf der Westtribüne reserviert. Die beiden sitzen zwar immer noch am selben Fleck, aber mittlerweile trägt die Tribüne den Namen eines bekannten Eisherstellers. Ben will wissen, warum: »Westtribüne hört sich doch viel besser an!« Sein Vater antwortet: »So nimmt der Verein viel Geld ein, denn es ist eine gute Werbung für die Firma.«

Es dauert zwar noch eine Viertelstunde, bis das Spiel beginnt, aber trotzdem ist die Stimmung im Stadion grandios. Ben ist immer noch fasziniert, wie laut die Masse an Fans im Stadion ist – über 50.000 Menschen sind da. Am liebsten mag er es, wenn sie lustige Lieder mit bekannten Melodien singen. Ben hat lange gerätselt, wie so viele Menschen es schaffen, gleichzeitig dasselbe zu singen. Irgendwann entdeckte er einen Mann mit einem Megafon, der bei jedem Spiel am unteren Ende der Tribüne stand. Auch heute ist er wieder da. Mit dem Rücken zum Spielfeld schreit er unentwegt den anderen Fans Liedzeilen und Sprechchöre entgegen. »Er animiert die Gruppe und sorgt dafür, dass alle dasselbe singen«, erklärt Bens Vater. »Stell dir mal vor, was das sonst für ein Durcheinander gäbe.«

* BEN UND DIE 50.000

Pünktlich, fünf Minuten vor Anstoß, wird die Aufstellung seiner Mannschaft vom Stadionsprecher durchgesagt. Dabei ruft dieser immer nur die Nummer und den Vornamen der Spieler. Ben und sein Papa schreien mit den anderen 50.000 die Nachnamen der Spieler. Ben kennt fast alle Namen auswendig, nur bei zwei Mittelfeldspielern muss er auf die Anzeigetafel schielen, um den richtigen Namen abzulesen. Als das Spiel anfängt, legt Bens Mannschaft direkt los. Angetrieben von den eigenen Fans stürmt sie nach vorne und schießt schon nach wenigen Minuten das Führungstor. Ben springt in den Konfettiregen, der von oben herabfällt, und jubelt. Kurz danach wird es um ihn herum dunkel. Eine Gruppe von Fans hat ein riesiges Trikot bereitgelegt, das sie über den Köpfen aller Fans auf der Tribüne ausbreiten. Ben kann jetzt zwar nichts mehr sehen, aber von den anderen Tribünen aus sieht es gigantisch aus. Nach einiger Zeit wird das Trikot wieder eingerollt.

Die Gesänge der Fans im Stadion unterstützen die Trommler. Meist sind sie sehr beliebt und auch berühmt in der Fanszene.

Die meisten Fangesänge entstehen, indem bekannte Melodien neue Texte bekommen. So finden schon mal bekannte Lieder wie Guantanamera oder die Titelmelodie von Pippi Langstrumpf ins Stadion.

Bei Fußballspielen kommt es immer wieder zu Gewaltausschreitungen. Sogenannte Hooligans interessieren sich eigentlich gar nicht für das Spiel. Sie sind nur darauf aus, sich mit anderen Gruppen zu schlagen.

viel unterwegs

Eine spezielle Art von Fußballfans sind die sogenannten Groundhopper (»Spielfeldhüpfer«). Sie sind nicht unbedingt Fan einer bestimmten Mannschaft. Dafür versuchen sie, möglichst viele Sportplätze und Fußballspiele auf der ganzen Welt zu sehen. Sie reisen oft Hunderte Kilometer, um in ein Stadion zu gelangen, in dem sie noch kein Spiel gesehen haben. Dabei kommt es ihnen nicht darauf an, ob es ein hochklassiges oder ein Amateurspiel ist.

viel Initiative

Eine bekannte Fan-Initiative ist »Pro 15:30«. Diese Gruppe setzt sich unter anderem dafür ein, dass möglichst alle Bundesligaspiele samstags um 15:30 Uhr angepfiffen werden. Die Fernsehsender, die die Spiele übertragen, haben eher das Interesse, dass die Spiele zu unterschiedlichen Uhrzeiten stattfinden. So könnten sie mehrere nacheinander zeigen. Die Fans von »Pro 15:30« wehren sich dagegen, weil sie Benachteiligung durch unterschiedliche Anstoßzeiten befürchten. Vor allem aber wollen sie genügend Zeit haben, um auch zu weiter entfernten Auswärtsspielen fahren zu können.

→ KÖRPERBEMALUNG

Um die Verbundenheit mit ihrem Klub auszudrücken, bemalen sich viele Fans in den Vereinsfarben. Diese Bemalung nennt man »Bodypainting«, also Körperbemalung. Außerhalb des Fußballs ist Bodypainting eine eigene Kunstform.

Für die Fußballvereine und die Spieler sind Fans das Wichtigste. Nur dadurch, dass die Anhänger ins Stadion kommen, Fanartikel kaufen und die Spiele im Fernsehen gucken, verdienen die Mannschaften Geld.

Als es kurz vor Spielschluss immer noch 1:0 für die Heimmannschaft steht, verlassen viele Fans das Stadion, um möglichst vor dem großen Gedränge nach Hause zu kommen. »Wir würden so etwas nie machen!«, sagt Ben entrüstet. Schließlich kann in den letzten Minuten noch so viel passieren. Wie das Beispiel der Fans von Manchester United zeigt, die sich 1999 im Finale der Champions League wahnsinnig geärgert haben, dass sie vor dem Abpfiff nach Hause gegangen sind. Denn da lag ihre Mannschaft noch 0:1 gegen den FC Bayern zurück. Doch in den letzten beiden Minuten drehten die Engländer das Spiel und gewannen noch mit 2:1.

* FANS: BERÜHMT FÜR IHRE STIMMUNG

Überall auf der Welt gibt es begeisterte Fußballfans wie Ben. Dabei feiern sie ihre Mannschaft auf ganz unterschiedliche Art und Weise. Viele Fangruppen sind durch ihre

Die besonders aktiven Fangruppierungen werden oft Ultras genannt. Sie denken sich neue Gesänge aus und bereiten spezielle Aktionen vor. Mit sogenannten Choreografien verwandeln manche Ultras eine Stadiontribüne in ein kleines Kunstwerk.

MASKOTTCHEN

Maskottchen sollen Glück bringen und die Fans unterhalten. Bei den meisten Klubs sind es Plüschfiguren, in denen Menschen stecken, es gibt aber auch lebende Tiere als Maskottchen. Hier ist z. B. »Fritzle«, das Krokodil des VfB Stuttgart, zu sehen.

außergewöhnlichen Aktionen berühmt geworden. So ist die Südtribüne im Dortmunder Stadion mit 25.000 Plätzen die größte Stehtribüne Europas. Sie wird wegen der einheitlichen Kleidung der Fans häufig »gelbe Wand« genannt. In Liverpool wurde das Lied »You'll never walk alone« (Du wirst nie alleine sein) beim Fußball etabliert und wird seitdem in vielen Stadien gesungen. In vielen südlichen Ländern zünden die Fans bunte bengalische Feuer und Raketen an. In Deutschland ist das allerdings verboten, weil es sehr gefährlich sein kann. Musik ist für Fans auch sehr wichtig. Durch Gesänge soll die eigene Mannschaft motiviert werden. Im Stadion des FC St. Pauli ist es Sitte, dass vor dem Spiel das Vereinslied der gegnerischen Mannschaft gespielt wird. Solch eine Gastfreundschaft ist aber eher selten in Fußballstadien.

Nicht nur Menschen halten sich im Stadion auf. Um das Glück für ihre Mannschaft zu erhöhen, bringen manche Fans auch Tiere als Maskottchen mit. In Köln steht Hennes der Geißbock am Spielfeldrand, in Frankfurt beobachtet Attila der Adler das Spiel.

* FANORGANISATIONEN

Die meisten Fans gehen nicht nur einfach ins Stadion und schauen sich ein Spiel an. Für sie sind der Fußball und ihr Verein ein Stück ihres Lebens. Deshalb setzen sich viele in Faninitiativen oder Fanclubs für ihre Interessen ein und versuchen, sich bei den Verantwortlichen der Vereine Gehör zu verschaffen. Ein Großteil der Fußballklubs geht auch auf die Bedürfnisse ein und versucht seinen Anhängern gerecht zu werden. So gibt es mittlerweile z. B. in vielen Stadien einen speziellen Service für behinderte Fans: Rollstuhlfahrer können direkt ans Spielfeld heran und für blinde Fans gibt es bei manchen Vereinen ein eigenes Stadionradio, von dem sie das Spiel kommentiert bekommen.

Kölner Geißbock

Groß, größer,

AZADI-STADION

»Das ist ganz schön beeindruckend!« So begeistert erlebt man Nationaltorhüter Jens Lehmann selten. Im Oktober 2004 war er allerdings sprachlos. Die Nationalmannschaft war zu einem Freundschaftsspiel nach Teheran, der Hauptstadt des Iran, geflogen. Und nun standen die Spieler auf dem Rasen des Azadi-Stadions – um sie herum 110.000 Zuschauer. So viele Fans hatte noch keiner der deutschen Spieler bei einem Fußballspiel erlebt.

Das **Azadi-Stadion** wurde 1974 erbaut. Anfangs passten sogar noch 30.000 Menschen mehr hinein. Dann allerdings wurde es renoviert, und man baute Sitzplätze mit ein. Dadurch wurde die Gesamtkapazität geringer. Trotzdem ist das Stadion größer als alle Stadien, die es in Deutschland gibt. Lange Zeit konnten in Leipzig ähnlich viele Menschen zum Fußball gehen wie heute noch in Teheran.

Das Leipziger Zentralstadion fasste knapp 100.000 Zuschauer. Vor der Weltmeisterschaft 2006 wurde innerhalb der alten Mauern eine neue, moderne Arena gebaut, in der jetzt 45.000 Menschen Platz haben.

Das aktuell größte Stadion Deutschlands steht in Dortmund. Bei den Heimspielen des BVB 09 sorgen genau 80.708 Zuschauer für Stimmung. Der Fußballtempel wurde in den 1970er Jahren gebaut und bekam den Namen **Westfalenstadion**. Zunächst passten »nur« 54.000 Zuschauer in das weite Rund. Durch mehrere Umbauten wurde die Zuschauerzahl erhöht. Das Stadion trägt heute den Namen eines Sponsors.

Beeindruckend ist auch das **Berliner Olympiastadion**, das von 1934 bis 1936 anlässlich der Olympischen Sommerspiele 1936 gebaut wurde und damals ein Fassungsvermögen von 100.000 Zuschauern hatte, heute aber nur ca. 75.000 Besucher aufnehmen kann. Formal orientiert sich das Stadion mit seinen klaren geometrischen Grundformen an antiken Sportstätten. Im Berliner Olympiastadion – sonst hauptsächlich bespielt vom Erstligisten Hertha BSC – wird jährlich das Endspiel des DFB-Pokals ausgetragen.

Es gibt allerdings noch weitaus größere Stadien als das in Dortmund. Ins **May Day Stadium** in Pjöngjang, der Hauptstadt Nordkoreas, passen 150.000 Menschen. Dort finden aber vor allem Paraden und Staatsempfänge statt. 120.000 Zuschauer fasst das **Salt Lake Stadium** in Kalkutta, im mexikanischen **Azteken-Stadion** kann vor 105.000 Fans Fußball gespielt werden.

Den absoluten Zuschauerrekord bei einem Fußballspiel hält allerdings das **Estádio Mário Filho** im brasilianischen Rio de Janeiro, das bei Fußballexperten besser als **»Maracanã«** bekannt ist. Dort fand 1950 das Weltmeisterschaftsspiel Brasilien gegen Uruguay statt. Offiziell waren 199.854 Fußballfans live im Stadion dabei. Das sind so viele Menschen, wie in ganz Rostock wohnen. Erst einen Monat vor diesem Spiel hatten die 11.000 Arbeiter das Stadion fertiggestellt.

← DORTMUND

MAY DAY STADIUM ↓

OLYMPIASTADION BERLIN →

Fußballtempel

→ EIN VEREIN – EIN LEBEN LANG

In der Arena auf Schalke in Gelsenkirchen gibt es eine kleine Kapelle unter der Tribüne. Dort können Schalke-Fans heiraten. Anhänger vom Hamburger SV können sich direkt neben dem HSV-Stadion beerdigen lassen.

↑ WEMBLEY-STADION

Heimvorteil

Das Estadio Daniel A. Carrión in Peru fasst nur 8.000 Zuschauer. Dafür ist es das höchstgelegene Stadion der Welt. Es liegt 4380 Meter über dem Meeresspiegel, mitten in der Stadt Cerro de Pasco. Die Lage bedeutet für den Heimverein Unión Minas einen gehörigen Vorteil. So weit oben gibt es nämlich nur wenig Sauerstoff in der Luft. Deshalb haben Spieler, die diese Höhe nicht gewohnt sind, häufig starke Probleme mit ihrer Fitness.

MARACANÃ

Das Wembley-Stadion in London wurde 2007 neu eröffnet und fasst 90.000 Zuschauer. Hier erlebte die deutsche Nationalmannschaft ganz besondere Spiele: Im WM-Finale 1966 musste sie einen höchst umstrittenen Treffer der Engländer hinnehmen (das »Wembley-Tor«), 1996 wurde sie in diesem Stadion Europameister.

Zu den Autoren

Der Autor Jonas Kozinowski, geb. 1984, ist Medienwissenschaftler und arbeitet als freier Journalist fürs Fernsehen. Er hat bereits mehrere Image-Filme zum Thema Sport gedreht und ist der Autor der »Kosmos Kinder-Uni Fußball«. Zum Fußball hegt er seit seiner Kindheit eine besonders enge Verbindung – als Schiedsrichter, Jugendtrainer, Hobbyspieler oder Fan im Stadion.

David Beineke, geb. 1969, hat dieses Buch fachlich betreut. Nach dem Studium des Diplom-Sports mit Schwerpunkt Sportpublizistik in Köln arbeitet er heute als Sportredakteur mit Schwerpunkt Fußball bei der Neuß-Grevenbroicher Zeitung.

Bildnachweis

Abkürzungen:
o. = oben; u. = unten; m. = Mitte; l. = links; r. = rechts; die Ziffern beziehen sich auf die Buchseiten.

Mit Fotos von:

Umschlag: Boris Horvat/Getty Images: l.o.; CORBIS: Coverfoto; CORBIS: l.u., CORBIS/SYGMA: l.o; Michael Flippo: l.m.; Photocase. com/cth77: U4

A. Hudson/H. F. Davis/Getty Images: 11 r.m.; AFP/Getty Images: 12 r.u., 45 r.u.; Alexander Hassenstein/Bongarts/Getty Images: 39 r.u., 42 l.u., 60 r.o.; Allianz Arena: 4 l. 4.v.o., 20 r., 22 u., 23 u.; Allsport UK/Getty Images: 18 r. 2.v.o.; Bayer MaterialScience AG: 7 u.; Bongarts/Getty Images: 12 r.o., 19 u., 35 l.u., 39 r.o., 45 r.o.; Bulent Fahri Ince/stock.xchng: 54; Carl de Souza/Getty Images: 31 l.u.; Central Pess/Getty Images: 32–33; Christian Nusch: 24 u., 26 o.; Christof Koepsel/Getty Images: 56 r. 3.v.o., 56 r.o., 42 r.; Danny Gohlke/Bongarts/Getty Images: 26 u.; Darryl Sleath: 4 r. 3.v.o., 8 l.m.; DFB: 4l. 3.v.o., 6–7, 11 l.u., 13 u.; Eduard Bopp: 5 r.u., 55, 56 r. 2.v.o., 57 r.; Elena Buetler/stock.xchng: 32; Elisenda Roig/Bongarts/Getty Images: 38 m.; Feng Yu/Fotolia.com: 5 r. 3.v.o., 42 l. 3.v.o., 51; FiFa: 14 o.; foto-net: 4 l. 2.v.o, 4 r.u., 16 m.o., 19 o., 34 l., 36 u., 37 l.u., 37 r.; foto-net/Kurt Schorrer: 5 r.o., 20–21, 44–45, 48 l.; foto-net/Markus Ulmer: 16 r.o., 30, 31 r.m., 31 r.u., 35 l.m., 52 r.u., 58 u., 60 l.u., 60 r.u.; foto-net/Teamfoto: 4 m.u., 5 r. 2.v.o., 14–15, 16 l.o, 20 l., 27 l.o., 27 r., 28 r., 31 l.m., 31 l.o., 31 r.o., 34 r., 36 m., 36 o., 37 l.o., 39 l., 46, 50–51, 54–55; Friedemann Vogel/Getty Images: 31 m. 2.v.o., 53 l.u., 57 l.; Gelbe Wand: 59 l.o.; Gesellschaft Deutsches Fußballmuseum e.V.: 10 l.u., 10 r.u., 12 l.u., 13 m.o., 64 u.; Getty Images: 16 l.u., 9 o.; Herbert Bucco: 58 o., 59 r.; James Whitmore: 9 u.; Jan Kuppert: 46–47, 48 r., 49 r. 2.v.o., 49 r.o.; Jean Claude Chapon/Getty Images: 24 o.; Johannes Simon/Getty Images: 42 l.o.; Keystone/Getty Images: 18 r. 3.v.o.; Lars Baron/Bongarts/Getty Images: 31 m.o.; Laurence Griffiths/Getty Images: 53 r.; Lutz Bongarts/Bongarts/Getty Images: 44 u.; Martin Rose/Getty Images: 39 m.u., 53 m.u.; Maurizio Gambarini/dpa: 40–41; Melgama/Dreamstime.com: 17 l.o.; Michael Flippo: Vorsatz; Michael Kienzler/Bongarts/Getty Images: 59 l.u.; Michael Schwarz: 23 m., 23 o., 29 2.v.o., 29 u.; Ni Chun/Dreamstime.com: 60–61; Niedersächsisches Institut für Sportgeschichte: 11 r.u.; Oliver Stratmann/Bongarts/Getty Images: 45 r.m.; Olympia-Verlag GmbH: 10 o.; Pedro Ugarte/AFP/Getty Images: 18 r.u.; Peter Macdiarmid/Getty Images: 43 u.; Photocase.com/frau.lueders: Vorsatz Rückseite; Photocase.com/Jessica Kammerer: 4 l.o., 18 r.o.; Photocase.com/Lutz Wallroth: 4–5, 28 u. 29; Photocase.com/Susanne Marie Jünginger: 64 o.; Photocase.com/Walter Dannehl: 35, 36, 37; Photocase/Marcus Böhme: 12-13; Randolf Pfeil: 13 l.; Reinaldo Coddou H.: 60 l.m.; Reuters/CORBIS: 35 l.o.; Roemer- und Pelizaeus-Museum Hildesheim: 8 l.u. (Inv. Nr. V 10962), 8 r.u.; Sandra Behne/Getty Images: 5 l. 2. v.o.; 17 r.u., 35 r.o., 42 l. 2.v.o.; Sandro Vannini/CORBIS: 27 l. 2.v.o.; Shaun Botterill/Getty Images: 27 l. 2.v.o., 38 r.; Sheffield Football Club: 11 l.o.; Simon Bruty/ALLSPORT/Getty Images: 15 r.o.; STAFF/AFP/Getty Images: 15 r.u.; Stefan Sonntag: 5 l.u., 60 m.u.; Steve Woods: 27 l.u.; Strauski: 6 l.u.; Stuart Franklin/Bongarts/Getty Images: 43 o.; Susanne Rebscher: 4 l.u., 28 l., 29 3.v.o.; Tanja Stock: 50, 53 l.o.; Tasmania Berlin: 38 l.o., 38 l.u.; Tom Shaw/Getty Images: 61 u.; Topical Press Agency/Getty Images: 6 r.u., 11 r.o.; Torben Tönnies: 49 r. 3.v.o., 49 r.u.; uhlsport: 4 r. 2.v.o., 4 r.o., 45 l.o., 45 l.u.; Ultras Frankfurt: 59 l.m.; Vince Varga/stock.xchng: 5 l.o., 18 l., 29 o.; Warrick Page/Getty Images: 24–25; Wikipedia: 12 l.o.; Wikipedia/Christian Spitschka: 5 r. 4.v.o., 52 o.; Wikipedia/Peter Andersen: 22 o.; Wolfgang Amri/Dreamstime.com: 3

Illustration: Oliver Marraffa: 24 m.

Trotz gewissenhafter Bemühungen ist es dem Verlag nicht gelungen, alle Rechteinhaber zu finden. Wir bitten diese, sich gegebenenfalls mit dem Verlag in Verbindung zu setzen.

Impressum

Bibliografische Information der Deutschen Bibliothek
Die Deutsche Bibliothek verzeichnet diese Publikation in der Deutschen Nationalbliografie; detaillierte bibliografische Daten sind im Internet über http://dnb.ddb.de abrufbar.
Dieses Buch folgt den Regeln der neuen deutschen Rechtschreibung.
Gedruckt auf chlorfrei gebleichtem Papier

1. Auflage

ISBN: 978-3-440-11367-7
Grafische Konzeption und Umsetzung: Atelier Bea Klenk
Redaktion: Birgit Bramlage
Bildrecherche: Eva Mokhlis
Produktion: Angela List

Printed in Germany